ASPECTOS AXIOLÓGICOS DE LA PRÁCTICA DOCENTE

ASPECTOS AXIOLÓGICOS DE LA PRÁCTICA DOCENTE

Juan Enrique Martínez Cantú
Daniel Desiderio Borrego Gómez
Daniel Cantú Cervantes

Número de Control de la Biblioteca del Congreso de EE. UU.:   2023900742
ISBN: Tapa Dura   978-1-5065-4949-1
             Tapa Blanda   978-1-5065-4948-4
             Libro Electrónico   978-1-5065-4950-7

Este libro fue dictaminado por el Comité Local de Publicaciones de la Unidad Académica Multidisciplinaria de Ciencias Educación y Humanidades (UAMCEH) dependiente de la Universidad Autónoma de Tamaulipas, mediante especialistas en la materia donde se sometió al sistema de dictaminación a "doble ciego" con diagnóstico positivo.

Información de la imprenta disponible en la última página.

Fecha de revisión: 03/01/2023

Para realizar pedidos de este libro, contacte con:
Palibrio
1663 Liberty Drive
Suite 200
Bloomington, IN 47403
Gratis desde EE. UU. al 877.407.5847
Gratis desde México al 01.800.288.2243
Gratis desde España al 900.866.949
Desde otro país al +1.812.671.9757
Fax: 01.812.355.1576
ventas@palibrio.com
849764

ÍNDICE

INTRODUCCIÓN

Abordar el tema de los valores en educación superior, es un reto importante y más cuando el actor principal es el docente, ya que reflexionar sobre su práctica implica considerar su papel a lo largo de la historia, así como los aportes en la construcción social y particularmente de la población en etapa de formación profesional. Desarrollar su actividad profesional requiere hoy en día de una gama de competencias que lo ubican como la persona idónea, capaz de desarrollar actividades intelectuales que incrementen la capacidad cognitiva de la población bajo su responsabilidad; pero en consideración con las actualizaciones profesionales de un desarrollo globalizador que pondera la calidad en los servicios como medida de éxito, la competencia axiológica toma una posición destacada y se incorpora a los estándares de calidad de las universidades. En este contexto el presente trabajo aborda el tema axiológico derivado de las practicas docente en la Unidad Académica Multidisciplinaria de Ciencias Educación y Humanidades, para tal efecto se realizó un acercamiento teórico con la intención de conocer a profundidad los elementos conceptuales de origen de la axiología y sus diferentes corrientes interpretativas y clasificaciones a partir de las diferentes áreas del conocimiento humano como la filosofía, antropología, sociología y psicología. En el capítulo I, se abordan temáticas básicas de carácter conceptual que permiten vislumbrar una visión del actual panorama social con respeto a los valores y su relativa perdida derivada de los cambios sociales originados por la dinámica globalizadora, posteriormente se trata un marco general del papel que juega la práctica docente frente a los retos sociales y la forma en que contribuye a para solucionarlos. El capítulo II, se conforma por cuatro grandes apartados, el primero de ellos, contiene un acercamiento al término axiología, el cual contempla su desarrollo histórico y las corrientes objetivista, subjetivista, sociológica y finalmente la integradora. El segundo aparatado, continua con un análisis conceptual de la ética y moral, lo cual lleva a permite conocer sus diferencias y su actual vinculación con la práctica docente y la construcción social del acto educativo. Las aportaciones de investigadores como Hirsch (2014), Aparaisi (2013), López-Calva (2009), Hortal (2002), Amaro (2010) y Yuren (2013), aportan elementos que orientaron la perspectiva teórica y permite la identificación de los valores más usuales en la práctica de los docentes encuestados. El tercer aparto de este capítulo, tiene como objetivo analizar desde las ciencias Sociología, Antropología, Psicología y Filosofía, el termino valor, las clasificaciones originadas por Gutiérrez Ponce (2004), Scheler (2001), Maslow (1943), Spranger (1961), Rokeach (1973), Willard-Allport (1973), Schwartz (1992), Trilla (1995), Gervilla (2003), García y Dolan, (1979), Hall y Tonna (2000), Hernández (2000) y Méndez (2001). El cuarto gran apartado este capítulo presenta una descripción y análisis de literatura especializada sobre las experiencias de 10 casos de investigación enfocados en los aspectos axiológicos de la práctica docente en América Latina. En el capítulo III, se describe el marco metodológico que se utilizó para abordar la presente investigación de naturaleza cuantitativa, con carácter descriptivo explicativo, con diseño transversal, su diseño, variables, descripción del instrumento empleado para recabar la información y descripción de la población objetivo. El capítulo IV, contiene una descripción pormenorizada de los resultados encontrados. Finalmente, en el capítulo V, se presentan las conclusiones a las que se llega con la investigación desarrollada, discusión, igualmente se presenta las limitantes presentadas durante el desarrollo mismo y una serie de recomendaciones que bien podrían fortalecer la formación profesional de la planta docente de la UAMCEH.

Nota: *Cabe indicar que el Dr. Martínez y Dr. Borrego se enfocaron en el desarrollo teórico de los componentes axiológicos de la práctica docente, además de trabajar en el cuerpo metodológico del estudio, el Dr. Martínez y Dr. Cantú se avocaron en el análisis de resultados y conclusiones, finalmente los tres trabajaron para la estructuración temática de la obra.*

CAPÍTULO I

PLANTEAMIENTO DEL PROBLEMA

Actualmente la sociedad en general se encuentra experimentando una crisis social como nunca se había visto, en opinión de especialista una de las causas es la acelerada forma de vida que a su vez deriva de los cambios en los modelos económicos, educativos, interacción social y de comunicación. Una consecuencia de la globalización, son las necesidades manifiestas que, si bien obligan a la competencia permanente por el éxito, igualmente han relajado las formas de relación y figuras sociales, donde pareciera que el respeto y atención hacia las instituciones y personas en general, forman parte de un modelo agotado. El proceso actual denominado globalizador influye de tal forma que sus efectos han generado efectos en el patrón valorativo de las sociedades, un ejemplo es "el desplazamiento de valores antiguos, por otros de jerarquía axiológica en correspondencia con los designios de las leyes mercantiles" (Prieto, 2002, p1). Dicha condición genera un proceso que modifica los referentes valorativos de una sociedad y con ello los roles particulares tanto de individuos como instituciones, de tal forma que la sociedad al ser absorbida por las relaciones de mercado, el compromiso social queda en entredicho, sobre todo en algunas instituciones que lo pierden de vista, lo que aumenta la perdida de acciones orientadas hacia las competencias éticas y relajamiento de las interacciones sociales.

Barba y Alcántara (2003), señalan que la ética no debe ser considerada como un acto social de carácter neutral, pues su práctica genera además de buenas relaciones una sociedad justa en términos generales, ella es parte de la naturaleza humana y de cada una de sus prácticas de carácter profesional sea cual sea su campo. Si bien es cierto existe la intención permanente del hombre crecer y obtener éxito en sus actividades, dicha condición no puede ser motivo para desarrollar acciones que vulneren los derechos sociales y humanos de sus semejantes; lo anterior sirve de referente ya que, en la vida educativa del nivel universitario, existen condiciones que afectan la convivencia y objetivos planteados en términos cognitivos, alcances sociales y esto no debe materializarse, al respecto Rawls (2012), señala lo siguiente:

> *Todas las instituciones sociales tienen principios éticos que limitan su actuar y recae en su personal la aplicación de estos, de tal forma que en dicho punto se presenta una condición única la aplicación institucional y la percepción ético moral del trabajador por hacer lo correcto, afín de no dañar la imagen institucional, correspondiendo en términos sociales a la construcción de ambientes propicios para el desarrollo del bien (p.40).*

Sobre la educación superior recaen grandes expectativas sociales que igualmente están vinculadas a los procesos de desarrollo socioeconómicos y culturales. Por tal razón la existencia obligada de principios axiológicos dentro de la planta docente, su ejercicio profesional será siempre objeto de evaluación, a fin de conocer sus logros con respecto a los aprendizajes y vinculación social entre pares y el alumnado, pues la figura docente es referente para conocer la calidad de su desempeño en la construcción de una sociedad más justa.

El objetivo de esta investigación es mostrar los aspectos axiológicos que están presentes en la práctica docente y social del personal académico de la UAMCEH.

En particular este capítulo inicia con descripción historia de la ética en el campo de la docencia, su importancia en el desarrollo social y los abordajes más representativos que han encausado la educación superior.

La justificación que sustenta la realización de este trabajo se localiza en las múltiples investigaciones desarrolladas y presentadas en espacios académicos de congresos educativos y foros especializados sobre dicho campo, los resultados muestran por mucho la urgente necesidad de concientizar a la población docente del alcance de sus acciones.

La presente investigación es una oportunidad para identificar y describir las prácticas éticas de los docentes locales y aportar elementos que mejoren y promuevan una educación sustentada en valores para favorecer un desarrollo social responsable.

1.1. Antecedentes históricos sobre ética docente

La educación y los principios éticos son un bien social altamente apreciado por todas las naciones, especialmente la que brinda la universidad, pues sobre ella se han desarrollado oportunidades únicas para cada nación y sus contextos, de tal forma que los proyectos nacionales llegan a ser en parte una aspiración sustentada en la educación de sus integrantes (Álvarez, 1995).

Actualmente los estudios sobre ética educativa y sus actores acaparan la atención tanto de autoridades responsables del área, padres de familia, empleadores y corporativos. Suero (2003), señala que la razón para esta aseveración tiene como fundamento la necesidad de incorporación social de sujetos con mayores conocimientos y valores profesionales, que sean capaces de presentar soluciones y alternativas a problemáticas del mundo globalizado, cuya característica principal es la rapidez con que suceden los hechos.

Ante este panorama es importante reflexionar sobre el papel que juegan los docentes universitarios y la universidad como institución social, se espera de ellos que formen profesionistas con una preparación integral, sustentada en "tres elementos básicos para ser considerados como tal: conocimientos especializados propios de su área, habilidades de carácter técnico para solución de problemas y un sustento ético que guie su conducta.

Mucho se habla sobre la crisis general que vive la sociedad y ante ello la educación superior no escapa a tal presión por factores económicos y políticos. De acuerdo con Beltrán y col. (2005), existe evidencia que señala una reducción en las estrategias y acciones que impulsen la ética como un tema prioritario dentro de los planes y programas de estudio, y si en cambio muestra un incremento en los procedimientos de carácter administrativo, económico y cultural, por mencionar solo algunos ejemplos, está situación restringe la participación de los individuos y otorga resultados parciales en términos sociales e institucionales sobre su potencial.

Ante tal panorama la sociedad e instancias públicas de la administración educativa, se preguntan cuáles son las posibles soluciones a la problemática y cuál es papel que están desempeñando docentes y alumnos. Para conocer el impacto de los principios axiológicos en la formación educativa de los estudiantes universitarios, es necesario conocer e interpretar los valores que sus maestros dejan ver tras su práctica educativa, al respecto la especialista en ética Hirsch (2003), recomienda atener los cambios globales y exigencias profesionales relacionadas con las competencias, y los cambios que viven en la docencia, debido a la aparición de nuevas directrices institucionales que impactan particularmente sus acciones, principalmente las emanadas de políticas educativas, nuevos procesos curriculares, de planeación, enseñanza y evaluación, por mencionar solo algunas de ellas.

En la búsqueda de respuestas se han desarrollado avances significativos que colocan a la ética como elemento central para recuperar el desarrollo del ethos profesional, del alumnado y la misma universidad, esto no significa que los estudios se limiten exclusivamente al nivel superior, solo que particularmente el presente trabajo se enfoque en el mismo. Al ser conscientes de la importancia que reviste la ética en el desarrollo personal y sus alcances sociales, los docentes deberán poseer una preparación adecuada. De acuerdo con González (1997) y Collen (1997), la ética como elemento formativo social que se obtiene durante el proceso formativo de carácter profesional y no en la práctica de la misma, es decir su implicación es más compleja lo cual es parcialmente correcto, pero las circunstancias actuales no dan tiempo para iniciar una curva de aprendizaje en dichos términos, más bien en la formación profesional se requiere capacitación y actualización docente sobre los principios éticos y resolución de casos que acerquen a los alumnos a la realidad futura, en relación con la orientación de la educación y la acción docente, al respecto de la formación profesional es necesario precisar que el proceso educativo es una responsabilidad social compartida por la instituciones de gobierno y los responsables de cada familia, lo que lleva a plantea la necesidad de concientizar sobre la importancia que representa la acción educativa como elemento de desarrollo e igualdad entre los integrantes de la sociedad y sus instituciones, pero hace un llamado al docente sobre su trabajo y respeto al alumnado que están bajo su acción, ya que su desempeño marcara la formación educativa del alumnado y la relación entre sus colegas.

La concientización actual de los deberes éticos en relación con el desarrollo de la práctica docente, desde la perspectiva de Habermas y Mardomingo (2000), desarrollada a mediados del siglo pasado, propone una nueva forma de relación sustentada en una ética de carácter universal, incluyente y relacionada con todos los aspectos de la vida particular y profesional, por ejemplo en la docencia, donde las acciones ético-morales deben ser desarrolladas en forma racional y guiada por las normas institucionales y políticas de responsabilidad social.

Investigadores de la ética aplicada al campo de la educación como Escámez (1998; 1991); Hortal (1994); Hirsch y López (2014); García (2006); Ibarra (2007) y González (2013), han aportado con sus investigaciones elementos conceptuales que define el papel de la docencia universitaria en términos desempeño profesional, así como la necesidad de transitar de un modelo transmisor a uno donde el docente se "orientador, guía y facilitador de conocimientos con sentido ético", apegado a una realidad de la práctica docente que hoy se requiere, al reflejar la conceptualización moral del individuo ante dicha actividad social esta se traducen en actos consientes ligados a una responsabilidad y alcances de su obra, dicha conceptualización es la materialización de relacionadas con sus prácticas cotidianas.

Maliandi (2002), al reflexionar sobre el vínculo entre ética y valores morales especifica que en considerando su esencia beneficia e impulsa el debate analítico que permite encontrar puntos favorables para su aplicación socio conceptual y a su vez ser parte de programas promocionales, la anterior aportación tiene sus raíces en el análisis social y las consecuencias derivadas de buenas acciones originadas a partir de una concientización de tipo individual y moral tanto de las instituciones como de los individuos, lo cual concuerda con múltiples propuestas de carácter nacional e internacional que intentan ofrecer alternativas para elevar la concientización del personal calificado en los diversos sector del desarrollo, lo que incluye la docencia universitaria, la postura socio ética considera que esta se aplica en dos vías :

- la primera gira en torno a la responsabilidad y visión social de las instituciones
- y la segunda en el cumplimiento de las normas sociales comunes a quienes integran la sociedad (como es el respeto a sus derechos universales) que rigen los principios de la profesión misma.

1.2. Planteamiento del problema

El presente trabajo de investigación se desarrolló en la Unidad Académica Multidisciplinaria de Ciencias Educación y Humanidades (UAMCEH), perteneciente al Sistema Educativo, de carácter público de la Universidad Autónoma de Tamaulipas, conformado por 25 instituciones de educación superior y 3 escuelas preparatorias.

La educación como proceso social, está encargada de transmitir, reproducir y generar conocimientos nuevos, así como elementos culturales que impulsen la identificación y desarrollo los grupos sociales, aunado a ello se encuentran las formas de comportamiento aceptadas por la comunidad que dan forma a la relación entre los mismos, de tal manera que el consenso determina la conducta aceptable como un bien colectivo.

En este punto se hace referencia a la ética y moral como factores que determinan las acciones individuales y colectivas como aceptables o negativas, considerando como referencia el término "bueno", antes de llegar a dicho resultado se considera la concepción de valorar que hace el individuo sobre el fin que desea alcanzar y el impacto que este puede tener en la sociedad.

Bolívar (2002), refiere que, en el caso del docente universitario, al desarrollar su trabajo está mostrando el nivel de conciencia, responsabilidad ético-moral y criterios de carácter cognitivo para con las obligaciones institucionales y sociales que deberá cumplir. La realidad profesional, aunada a las condición particulares tanto de la institución como del alumnado dejan ver situaciones de molestia y desencanto en ambos lados, por la falta de comunicación, atención, respeto, formas incorrectas de dirigirse a ellos, dirección académica insuficiente, etc., estas y otras condiciones permiten señalar la ausencia de una cultura con principios de respeto y actualización en términos de capacitación para la construcción de una cultura axiológica, es verdad que no se puede hablar de actos generalizados, pero los existentes manifiestan la necesidad de ser superados.

La existencia de comentarios negativos extra clase y en pasillos, por parte de un sector del alumnado, señalando como poco ético el proceder profesional local, traducido en la ausencia a impartición de clase, improvisación de cátedra, falta de comunicación, falta de tiempo y trato descortés cuando se busca resolver necesidades académicas, ausencia de empatía y percepción de poco compromiso e identificación institucional, retraso en la entrega de observaciones y calificaciones parciales o finales, etc., situaciones que van en contra de lo esperado por la sociedad y obligaciones adjuntas de un cuerpo profesional.

La anterior reflexión ha servido para buscar e identificar los aspectos axiológicos vinculados a la integración del quehacer profesional en los docentes que forman la plantilla de la Unidad Académica Multidisciplinaria de Ciencias Educación y Humanidades, en el desarrollo de su práctica profesional, condición que permite ver su concepción ética cotidiana del proceso enseñanza aprendizaje, lo cual no pasa desapercibido para sus alumnos, generando en ellos preguntas, reflexiones que por lo general no hacen públicas o bien abordan directamente con sus profesores.

La importancia de las opiniones e inquietudes del alumnado son válidas, deben ser consideradas y no puede ser pasada por alto ya que afectaría las relaciones derivadas del proceso enseñanza aprendizaje y con ello el supuesto social que señalado por Luque (1995), quien considera que la universidad como institución es más que un espacio material, es un lugar que favorece la transmisión, construcción y desarrollo cognitivo relacionado con los principios de igualdad de la colectividad, ese es o debe ser uno de los objetivos en la interacción del proceso social: las buenas acciones sin excepción; por lo tanto es importante recordar que la acción docente está permanentemente bajo la observación general "el comportamiento ético en el trabajo es resultado del impacto de los valores personales y organizaciones y el refuerzo de patrones de conducta" (Treviño, 1986, p. 602).

Dicha situación pareciera un hecho común dentro del contexto de libertad que impregna la vida universitaria y dentro de una sociedad aparentemente ya acostumbrada a la relajación de formas de comunicación y relación por la pérdida de valores, al respecto las notas informativas y más recientemente las redes sociales hablan al respecto, Herrera de la Garza (2017, p, 192) deja en claro que el debilitamiento de valores se refleja en la paulatina pérdida de referencias morales, que nos permiten distinguir entre lo que es digno de aprecio y lo que contraviene a las buenas costumbre y adecuada convivencia con nuestros semejantes".

Las figuras de autoridad que existen, como la docente han llegado a perder su influencia principalmente por falta de apoyo institucional o bien por la razón de evitar confrontaciones que afectan su perfil profesional. Un factor que influye en para tal condición, son los actuales modelos de referencia social que promueven los medios de comunicación, caracterizados por la relajación ética.

La crisis de valores que atraviesa la sociedad mexicana tiene preocupada a las instituciones del estado, ya que la actividad política y el desempeño laboral de algunas autoridades en varios órdenes de gobierno se han visto afectadas por la pérdida de valores indispensables para su funcionamiento, como son la honestidad y la solidaridad. De esta forma la concepción social, se traduce en la reducción significativa de las instituciones y las profesiones como elementos de construcción para el respeto de la individualidad y derechos colectivos (humanos)

Desde esta perspectiva se plantea que el problema de investigación es conocer e identificar los aspectos axiológicos que están presentes en la práctica profesional de la planta docente de la Unidad Académica Multidisciplinaria de Ciencias Educación y Humanidades.

1.3. Justificación de la investigación

Partiendo de los principios axiológicos planteados en la Misión de la UAMCEH (ser una dependencia incluyente y socialmente responsable con amplia oferta educativa que atiende necesidades del entorno social), los valores expuestos en la Misión y Visión de la UAT, el Plan de Desarrollo Institucional de la UAT (forjar una sociedad con conciencia humanista, esfuerzo solidario, sentido de pertenecía e identidad nacional, ser una universidad incluyente, equitativa y socialmente responsable, protagonista con el desarrollo socioeconómico y ambiental del estado, comprometida con sus estudiantes en condiciones de igualdad), así como los valores que identifican la vida institucional "verdad", "belleza" y "probidad". Queda de manifiesto la ausencia de referentes que identifiquen los principios axiológicos de la planta docente de la UAMCEH y la forma en que estos inciden en su práctica profesional, forma de relación social con sus pares y alumnado, es que se pretende desarrollar la presente investigación.

La ausencia de referentes institucionales particulares de la UAMCEH sobre el tema en cuestión justifica el desarrollo de la presente investigación, pues podrá contribuir en la identificación teórico conceptual en términos axiológicos, orientando la práctica docente universitaria, su aporte serian una contribución para comprender el deber ser y hacer del ethos profesional.

La investigación encuentra en su desarrollo y presentación de resultados la oportunidad de acrecentar los conocimientos de nuevas perspectivas socioculturales existentes sobre la práctica de los valores ligados a la acción del docente universitario dentro del actual contexto globalizado, tal como lo señalan organismos internacionales como el BID, OCED, UNESCO, CEPAL, OEI y UE, quienes contemplan en sus respectivas agendas de trabajo el análisis de equipamiento e infraestructura física, objetivos y políticas educativas, incremento de matrícula, financiamiento, entre otros, así como niveles de calidad en servicio y atención profesional a la población atendida.

Si bien es cierto que los diferentes organismos internacionales (antes mencionados) mantienen perspectivas propias sobre el tema de la educación, la mayoría coincide en ver la formación y práctica docente basada en principios axiológicos como un instrumento para formar individuos mejor preparados y socialmente responsables con sus futuras acciones. Igualmente, la investigación servirá para detallar planes de trabajo con orientación ética al fortalecimiento académico vía la práctica profesional.

Por la importancia estratégica que representa el tema axiológico para la vida universitaria, hoy se convierte en una prioridad para la promoción de contenidos y prácticas en los planes y programas de estudio, así como actividades relacionadas con el desarrollo y formación humana de los docentes, de tal forma es difícil imaginar una sociedad sin una educación con sustento ético, ¿Cuál sería su futuro?, por lo tanto la atención a dicho tema no puede ni debe posponerse ya que sería un grave retroceso a la perspectiva humanista del desarrollo social. En su interpretación de una sociedad sin educación ética, García (2018), invita a pasar de las palabras a la acción señalando que los verdaderos riesgos a lo que se enfrenta la sociedad es la falta de propuestas que permitan aterrizar soluciones para el desarrollo de instituciones y sujetos con sustento ético y moral.

De las implicaciones precedentes, surgieron las preguntas de investigación:

Pregunta general: ¿cuáles son los aspectos axiológicos principales que están presentes en la práctica docente de la UAMCEH, durante el periodo 2018-3?

Preguntas específicas: 1. ¿cuáles son los fundamentos relacionados con el proceso axiológico de la práctica docente en educación superior?, **2.** ¿Cuáles son las características que se expresan actualmente en materia de dirección de resultados del proceso de medición para identificar los aspectos axiológicos de la práctica docente durante el periodo 2018-3?, **3.** ¿Qué acciones componentes de una estrategia permiten identificar aquellos aspectos axiológicos de la práctica docente en profesores de la UAMCEH en el periodo 2018-3?

1.4. Objetivos de investigación

Los siguientes objetivos tienen como fin dar respuesta a las interrogantes planteadas.

1.4.1. Objetivo general

Identificar cuáles son los aspectos axiológicos principales que están presentes en la práctica docente de los profesores de la UAMCEH, durante el periodo 2018-3.

1.4.2. Objetivos específicos

1. Determinar los fundamentos relacionados con los principios axiológicos de la práctica los docentes en educación superior.
2. Identificar cuáles son aquellas características que se expresan en la actualidad en materia de dirección de resultados del proceso de medición para identificar los aspectos axiológicos de la práctica docente en educación superior.
3. Diseñar acciones componentes de una estrategia que permita identificar aquellos aspectos axiológicos de la práctica docente en profesores de la UAMCEH en el periodo 2018-3.

1.4.3. Hipótesis de investigación.

Hi: Los cinco aspectos axiológicos principales que se encuentran presentes en la práctica docente de los profesores de la UAMCEH en el periodo escolar 2018-3, son la amabilidad, el esfuerzo, la confianza, el diálogo, el compromiso y la tolerancia.

CAPÍTULO II

MARCO TEORICO

El presente apartado tiene como objetivo proporcionar un acercamiento a la comprensión del término axiología, está compuesto por 15 objetivos, los ocho primeros desarrollan una descripción sobre el origen histórico del término hasta la etapa contemporánea y se continúa con el desarrollo de las cinco corrientes axiológicas más representativas de dicha disciplina filosófica que abarcan desde la teoría axiológica naturalista, pasando por la objetivista, subjetivista, sociológica y finalmente la integradora. Posteriormente se realiza una exposición basada en referentes bibliográficos sobre la diferencia entre ética y moral, para ello se aborda el origen conceptual de cada término y una serie de apreciaciones que permiten aclarar sus diferencias y la vinculación entre ambos términos con la práctica docente y el acto educativo como proceso de construcción social.

El segundo apartado inicia con el objetivo diez, a partir del mismo se inicia con el análisis y reflexión del término valor, tomando como referencia las aportaciones de investigadores de carácter nacional y mundial, como Hirsch (2014), Aparaisi (2013), López-Calva (2009), Hortal (2002), Amaro (2010) y Yuren (2013), aportan elementos que orientaron la perspectiva teórica hacia la identificación y caracterización de 12 tipos de valores, así como sus características universales para su representación (uso y aplicación).

El tercer bloque que forma este capítulo está dedicado a la exposición y análisis de la naturaleza conceptual de los valores desde la perspectiva de ciencias como la Sociología, Antropología, Psicología y Filosofía, este preámbulo facilito el abordaje y posterior análisis sobre la clasificación realizada sobre los valores que teóricos e investigadores como Gutiérrez Ponce (2004), Scheler (2001), Maslow (1943), Spranger (1961), Rokeach (1973), Willard-Allport (1973), Schwartz (1992), Trilla (1995), Gervilla (2003), García y Dolan, (1979), Hall y Tonna (2000), Hernández (2000) y Méndez (2001). Dichas clasificaciones muestran percepciones que van desde quienes perciben los valores como el elemento psicosocial que da forma a conducta humana, pasando por quien los entiende como el producto de las necesidades humanas, hasta quien los interpreta como el producto del orden cultural humanista.

El cuarto gran apartado que da forma final a este capítulo tiene como eje central la presentación descripción y análisis de literatura especializada sobre las experiencias derivadas de 10 casos de investigación que tienen como objetivo central los aspectos axiológicos de la práctica docente en América Latina, finalmente se señalan los descubrimientos encontrados en las investigaciones arriba mencionadas.

2.1. Antecedentes generales sobre la axiología

El presente apartado tiene como objetivo proporcionar un acercamiento a la comprensión del término axiología, para tal efecto se desarrolla una exposición abreviada de las cinco teorías más representativas de dicha disciplina filosófica.

El interés por estudiar la Axiología tiene una larga historia que ha sido registrada en innumerables documentos que lo atestiguan. Echeverría (1995), señala que anteriormente cuando se hablaba de axiología, se hacía referencia principalmente al estudio o percepción de los valores representados por la acción humana, es decir los valores considerados como trascendentales o de tipo espirituales, pues en ellos se encontraba la esencia del hombre, es decir lo ético y moral.

Los antecedentes de la axiología se remontan a los tiempos de la antigua Grecia, específicamente en las obras de Platón, La república y Los Diálogos de Platón, se guiaba la reflexión social de la cultura social helénica sobre los valores, entendidos estos, como el desarrollo de acciones positivas y creación de obras ligadas a las bellas artes. El desarrollo social acompañado de la complejidad estructural que le acompaña inevitablemente dio como resultado un cambio en las formas de pensamiento y asuntos a tratar como los asuntos políticos, económicos e interpretación de valores derivados de relaciones sociales, originando con ello que los valores cambiaran de conceptualización debido principalmente a las interpretaciones filosóficas con que fueron tratados

En relación con el origen de la palabra axiología se puede señalar que esta se compone de dos palabras de origen griego: axios que significa digno, valioso y logos que significa tratado, más el sufijo –ia que indica cualidades, posteriormente dicha expresión originaría el vocablo "axiologie. En su origen la palabra axiología significa estudio de aquello que es digno o tratado de lo digno o valioso. Con el paso del tiempo su significación ha variado definiéndose como estudio o teoría de los valores, disciplina filosófica que se ocupa de los valores.

La axiología es considerada como una disciplina filosófica de carácter estimativa ya que al tener por objeto de estudio los valores, estos pueden ser analizados y explicados por diversas ciencias (como se expone más adelante). Cadena (2004) señala que el vocablo axiología, fue utilizado por primera vez por Paul Lapie (1902), en la obra "Logique de la volonté (Lógica de la voluntad), le seguiría Eduard von Hartmann en 1908, pues ya para esa época la axiología era considerada como una disciplina consolidada, al respecto el Robert S. Hartman Institute (Axiologic.org., 2019, párr. 1), señala que "la axiología es el sistema formal para identificar y medir valores. Es la estructura de valores de una persona la que le brinda su personalidad, sus percepciones y decisiones".

Sánchez (2005), en su análisis histórico filosófico señala que la axiología ubicada en el contexto contemporáneo aparece y se desarrolla en la segunda mitad del siglo XIX, en el seno de neokantismo con Hermann Lotze, el cual declara que los valores son elementos que determina las realidades, lo que significa que no pueden ser pasados por alto, es decir están presentes y ligados a la acción del hombre, por consiguiente su jerarquía está dada en función de la construcción propia de cada sujeto, por sus principios morales y principios éticas, desarrollados estos últimos en cada acto social aceptable relacionado con una actividad de carácter profesional y o desarrollo productivo, es decir son lo opuesto a los contravalores.

A finales del siglo XIX y principios del XX en Alemania se encontraba inmersa en un alto desarrollo económico y social que la ubicaban como uno de los centros culturales más importantes de Europa y el mundo, dichas condiciones favorecían el establecimiento de centros educativos de alto nivel en los cuales se desarrolló (por ejemplo) parte de la Escuela de Baden (opuesta a Kant), caracterizada por una fuerte corriente de pensamiento interesada en el estudio de los valores, basando su posición desde la Crítica de la Razón Práctica, sus reflexiones y análisis en torno a los valores inicio con la separación de las proposiciones ligadas a ciertas ciencias, como medio para favorecer la comprensión general de un caso mediante la descripción del mismo según su naturaleza (origen) y por otra parte los aspectos individuales de cada sujeto o grupo cultural (Kuhn, 2019).

Se le atribuye a Windelband (1884) haber sido el primero en estructurar una teoría de valores, partiendo de dicho referente, posteriormente verían la luz trabajos generados por Ehrenfels (psicólogo austriaco, autor de la teoría el problema de los valores), quien realiza una diferenciación crucial al determinar que los valores son productos de un deseo, entendido este como una inclinación consiente por alcanzar, obtener o poseer un objeto o el desarrollo de una conducta considerada como buena (ideal) para alcanzar un estado de satisfacción material, espiritual o de algún otro tipo.

Por su parte Meinong -psicólogo austriaco- (1923) especifica en el trabajo Sobre la base de la teoría del valor general, que cuando un individuo genera una concepción de valor sobre determinado objeto o situación, establece un proceso individual de carácter subjetivo y conductual con respecto al mismo, considerando para ello el grado de utilidad que el mismo representa para su necesidad y contexto. Rickert (1907), por su parte, en su estudio sobre el conocimiento histórico, acepta que los valores son en sí mismo de gran importancia para los investigadores históricos, pues a partir de la identificación y comprobación materia de hechos, así como su análisis objetivo es que se construye la historia, es decir la historia se puede interpretar solo y a partir de hechos comprobables de detallen el origen, causas y resultados de eventos que marcan la vida de los grupos sociales, razón por la cual las fuentes se convierten en depósitos de valores históricos que deben ser analizados.

Los anteriores trabajos son solo una muestra representativa de posturas analíticas sobre los valores a principios del siglo pasado.

2.2. Corrientes axiológicas

La descripción del concepto valor es factor clave en el debate ideológico de quienes buscan explicar su origen, esencia e importancia que representan para la sociedad, las razones por las cuales un individuo opta por incorporar tales valores a su forma y estilo de vida.

En torno a los valores, existen múltiples preguntas, dos son básicas para iniciar los debates en torno al tema ¿los valores son creados por el hombre? ¿O ya están presentes antes de su existencia natural?, las respuestas ofrecidas por las teorías axiológicas conocidas cumplen con su función al responder las necesidades de quien abraza una u otra opción, ya sea por la profundidad de sus argumentos, la claridad de estos, su aplicación en campos profesionales del conocimiento o sencillamente por ser de su agrado.

2.2.1. Teoría axiológica naturalista

Asla citado, en el Diccionario de la Real Academia Española (2014, párr. 1), señala que el término "naturalismo" presenta tres acepciones, la primera se refiere a la corriente representada en la pintura que busca la mayor fidelidad de detalles en una obra, la segunda alude a la corriente literaria que magnifica los detalles realistas de la naturaleza apoyándose en los avances de las ciencias experimentales (siglo XIX), dicha narrativa describe la condición humana como obscura y dependiente de las condiciones contextuales y la tercera acepción se ubica en la corriente filosófica que considera la naturaleza como el único referente de la realidad.

Los naturalistas de la época antigua y los grandes pensadores griegos como Demócrito, Platón y Sócrates (entre otros), sostenían que los valores eran producto de leyes naturales, y solo por medio de la reflexión y razonamiento podían ser alcanzados y materializados en obras de carácter moral y bellas artes (Armstrong y Herrán, 1966).

La tesis central de esta corriente filosofía plantea que todo lo que se considera bueno, está asignado por modelos ya existentes en la naturaleza, de tal forma que el valor como elemento de medición no es producto de la conciencia y reflexión humana, más bien lo que el hombre lleva a cabo es la acción percibir y de valorar la forma, constitución de los objetos en relación con la utilidad que estos representen para su construcción contextual (Colli y Manzano, 2000). Al respecto de la apreciación natural, su conocimiento y vinculación con los valores, Narski (1985), Asmus (1988), Fabelo (2004), coinciden en señalar que los valores están limitados a la naturaleza y su desconocimiento se representa como ignorancia y esta con la ausencia de desarrollo personal.

A continuación, se presentan las cuatro corrientes históricas del naturalismo y representantes más destacados.

- Naturalismo griego: Anaximandro. Lucrecio.
- Naturalismo renacentista: Telesio. Patrizzi. Campanella.

- Naturalismo moderno: Rene Robinete. La Mettrie. Holbach. Büchner. Moleschott. Haeckel.
- Naturalismo actual: Whitehead. Liebeck. Blüher. Lamprecht. Pratt. Dennes. Nagel

2.2.2. Teoría axiológica objetivista

Los objetivistas consideran que los valores ya existen como objeto y son totalmente ajenos a la conducta y reflexiones intelectuales del hombre, por lo tanto, los objetos al poseer un valor independiente no sufren cambios ni se ven afectados por la acción humana, razón por la cual son determinantes, directos, objetivos.

La perspectiva axiológica objetivista, sostiene que los valores son resultado de una apreciación y no de un acto psicológico, así que determinar lo que es bueno y bello (por poner un ejemplo) no es producto de lo que siente un individuo, sino más bien de lo percibe. Al respeto Kant, citado por Fabelo (2004) sostiene que, debido al origen del hombre y su pertinaz interés por satisfacer sus necesidades, este no alcana a poseer dispone de una condición de moralidad necesaria para desarrollar acciones buenas o apreciadas, por lo tanto, para establecer el valor y la acción de valorar un objeto o hecho, se debe hacer con independencia de los sentimientos, porque estos obstaculizan la objetividad.

La postura reflexiva dentro de la corriente objetiva coincide en el hecho de considerar que los valores no pueden ser alcanzados a través del análisis científico, ya que como señalan Ricket (1937) y Windelband (1912), los valores son por sí mismos un elemento objetivo e independientes de cualquier elemento humano.

Entre los representantes y obras más destacados del objetivismo se ubican:

- Francisco Brentano: La psicología desde el punto de vista empírico (1874).
- Edmundo Husserl: Investigaciones lógicas (1901).
- Max Scheler: Ética (1948).

- Nicolas Hartmann: Ética (1949). Ontología (1954)

2.2.3. Teoría axiológica subjetivista

La perspectiva subjetivista considera que el hombre es quien asigna valor a los objetos o situaciones de su entorno, por lo tanto, su existencia gira en torno a su conceptualización y asignación de valor a los medios que satisfacen sus necesidades, con ello quiere decir que los valores son creación del hombre mismo y estos no aparecen en la naturaleza de manera espontánea (Ruiz, 2009).

Para el subjetivismo axiológico, los valores son un sistema que explica la realidad del hombre solo a partir de su propia conducta y actos morales, en otras palabras, limitan la realidad exclusivamente a quien la percibe, define y asigna utilidad para sus causas, visto de esta manera los valores son subjetivos al ser, originados por un estado de carácter emocional, al respecto Meinong (1923), consideraba que el acto de realizar una valoración determinada sobre un elemento determinado se debía considerar común un acto psíquico, entendido este como una abstracción que permite al hombre interpretar su contexto y formar lo que se conoce como realidad.

Una aportación ligada a los orígenes psicológicos de la corriente subjetiva según Muñoz (1998) refiere que todo acto de valoración se conforma de dos planos, inicia primero con la concepción individual donde se establece el concepto y referencia de valor por necesidad o utilidad, posteriormente alcanza el plano grupal donde se alcana el consenso general, pero seguirá siendo el individuo quien con su capacidad establece los valores a partir de "emociones, gustos, aspiraciones e intereses".

Fabelo (2004), citado en Pejović (2013), *señala que el valor de un elemento de interés está determinado por su naturaleza y la utilidad que representa,*

Además, es través del conocimiento de esta última", dicho de otra forma, la asignación de un valor estará en función de la naturaleza del objeto mismo y la utilidad que represente para cada sujeto.

Entre los representantes y obras más destacados del subjetivismo se ubican:

- Alexis Meinong: Investigaciones psicológico-éticas para una teoría del valor (1894).
- Federico Nietzsche: Humano, demasiado humano (1886).
- Christian von Ehrenfels: Sistema de la teoría de los valores (1897).
- Ludwing Wittgenstein: Tactatus lógico-philosophicus (1922).
- Bertrand Russell: Religión y Ciencia (1951).
- Rudolf Carnap: Filosofía (1935).
- Charles Leslie Stevenson: Hechos y valores. Estudios de análisis ético (1944).
- Barlph Barton Perry: Teoría general del valor (1950).

2.2.4. Teoría axiológica sociológica

En esta corriente filosófica los valores se contemplan como entes objetivos que por sus alcances positivos son aceptados, llegando a formar parte del marco cultural de la sociedad en su conjunto o un grupo en particular.

Desde esta perspectiva, dichas valores se caracterizan por llegar a formar parte de la cultura grupal y sociedad, evolucionando históricamente con ella, adecuándose a las características contextuales del momento, lo indica que los valores son transitorios en su conceptualización y aplicación, pues los referentes contextuales forman por un lado la conciencia y juicios de valor que definen el ser y hacer con respecto a la utilidad de una acción, objeto o situación (Baeza, 2008).

Representantes más destacados de la axiología sociológica

- Durkheim
- Bouglé

2.2.5. Teoría axiológica integradora

Esta corriente filosófica relacionada con la axiología también es conocida como estructuralismo axiológico y se considera como un campo intermedio entre el subjetivismo y el objetivismo. Frondizi, es considerado el máximo representante de esta corriente, que considera los extremos del subjetivísimo y objetivismo, solo como una muestran parcial de la realidad y no abona a la correcta comprensión entere el hombre y los objetos, cuando el hombre alcanza la compresión total de los objetos, forma en su conciencia lo que se conoce como una cualidad estructural (gestalqualitat) de Cudmani, Pesa y Salinas (2000).

Quienes son partidarios de dicha posición axiológica, ponen a consideración general la siguiente idea: los valores pueden representar las dos características objetivas y subjetivas, lo que facilitaría la comprensión estimativa de objetos y conductas para su estudio, definir y asumir como propias en determinado momento su aplicación, por ejemplo, lo bueno y lo malo, amargo y lo dulce, etc. Dicha postura lleva a determinar y comprender que los valores, representan un polo en función de sus componentes, lo que establece finalmente un concepto que a su vez es empleado para juzgar y forma una percepción y escala de valor de Cantero y Olmeda (2006). (Cantero y Olmeda, 2006).

Figura 1.- Clasificación de corrientes axiológicas. Fuente: Axiológica naturalista Fabelo (2004), Axiológica objetiva Ricket (1937), Pejovik (2013), Axiológica sociológica Baeza (2008). Corrientes Axiológica Integradora., Frondizi (1995), (Adaptación propia).

2.3. La ética

Ética es un saber que se encarga de estudiar la conducta del hombre, relacionada con acciones consideradas buenas o malas, pero desde el punto de vista moral, y forma parte de la axiología.

La palabra ética se origina del vocablo griego "ethos", que significa "lo que da carácter", "conducta", "modo o forma de ser". Originalmente la palabra ética hacía referencia al lugar donde residía una persona: hogar, morada, espacio habitable, posteriormente su conceptualización se amplió hasta considerar que el espacio habitable alcanzaba los límites geográficos de una comarca, zona o nación. Nicholl (1989).

Entre las aportaciones derivadas del estudio y análisis de la ética, destaca la profunda observación generada por filósofo alemán Heidegger, quien señala que es el pensamiento quien establece lo denominamos hogar (espacio geográfico, material, donde se habita) y no a las acciones del hombre. Esta afirmación separa y favorece el señalamiento en términos éticos, que la tendencia del hombre por generar conductas y costumbres -son un acto interno, que no tiene relación alguna con el espacio habitable- de tal forma que estas pueden ser consideradas positivas o negativas para los integrantes de una sociedad, al respeto de la anterior referencia primero Cuneo (1999) y posteriormente Moliner (2008), explican que la ética en su objetivo final está más vinculada con la capacidad e integridad que dan forma a la idiosincrasia de la persona misma, - por lo tanto –, la ética debe ser considerado como un elemento básico en la construcción de la personalidad y su conducta social, es decir en ella residen los principios de comportamiento general construidos por el grupo de origen del sujeto y en forma ampliada por las tradiciones de sus antepasados.

Partiendo del interés contemporáneo por la promoción de los valores éticos y su correcta aplicación en los procesos de interacción profesional e institucional dentro del ámbito educativo, a continuación, se presentan una serie de referentes conceptuales que permiten clarificar desde diferentes posiciones que es la ética.

Guisán (1990, p,19), indica que la ética "es la disciplina que indaga la finalidad de la conducta humana, de las instituciones sociales, de la convivencia en general". Por su parte Aparaisi (2013) considera que la ética es una ciencia cuyo objetivo es reglamentar el comportamiento o proceder del hombre, considerando para ello la existencia y aceptación de los fundamentos del entendimiento como respeto a los derechos universales. En relación con la anterior postura es importante destara la existencia de tres elementos fundamentales para su comprensión y alcance: ubicar al hombre como el centro de la atención misma y su relación con el entorno social, la importancia del concepto mismo, ya que pretende considera las acciones del hombre como resultado de razones personales o causas derivadas de su contexto y finalmente la consideración de que el hombre al ser social y moralmente responsable se guía por principios éticos aceptados por la sociedad.

La ética como disciplina filosofía ayuda a generar pensamientos con la intención de reflexionar sobre actos de carácter moral que pueden legitimar o no una conducta. Claver, Llopis & Gasco (1977) en su aportación al campo empresarial y su vinculación con los principios éticos, sostienen que la ética es un grupo de elementos conformado por reglas y principios de carácter moral que rigen la conciencia y el comportamiento, así como las interacciones del ser humano en el plano de lo positivo.

En concordancia con las definiciones anteriores, el teólogo Vidal (2002) explica que los principios éticos son parte de la acción humana, por lo tanto, forman parte de una dimensión real, que se vive, se percibe, y es resultado de la naturaleza humana y su conducta. Hidalgo (1994), Camps (2003), por su parte concuerdan en cuanto a la finalidad de la ética, pues consideran que esta tiene como finalidad estudiar y explicar las conductas que norman las conductas morales que orientan las acciones del hombre en sociedad.

2.4. La Moral

Es importante aclara que el termino moral está íntimamente relacionado con la ética, al grado que coloquialmente se utiliza para señalar que un acto social x, es ética o moralmente correcto o en su caso incorrecto. El origen del término moral proviene del latin "mos", "moralis", que tiene por significado "costumbre", modo o forma de ser o de vivir. Cortina (1997), explica que posiblemente la relación etimología de origen lleva al uso indiscriminado de dichas terminologías como si fueran lo mismo al designar en esencia un acto particular o colectivo.

Es conveniente aclara ciertas diferencias, primero la ética por su origen tiene origen griego, en tanto la segunda tiene una raíz latina; la moral se refiere a la identificación y establecimiento de normas personales que sirve para guiar el proceder ante actos por ejecutar (en beneficio o deterioro de la sociedad), dichas normas, son por lo tanto valores morales; la tercera observación está dirigida a establecer que la ética, se refiere a las normas que establecen la conducta humana dentro del marco de las responsabilidades asignadas por su rol social, es decir hacer lo correcto, por la profundidad de su esencia la ética posee dos objetos de estudio, uno material y otro de carácter formal, el primero analiza la conducta humana y el segundo los aspecto positivos o negativos de dichas conductas (González, 2000).

2.5. Apreciaciones particulares de ética y moral

Existe la práctica común de utilizar los términos ética y moral como sinónimos, cuando en la estricta realidad, poseen significados diferentes, conocer su esencia facilitaría su empleo y abriría la posibilidad de su uso correcto en las diversas esferas del quehacer humano.

La ética se encuadra por su origen dentro del campo de la filosofía y tienen como objeto de estudio la moralidad, su análisis permite a alcanzar determinaciones que califican si un acto es legal o ilegal en términos de la apreciación social, para ello emplea utiliza como base los postulados éticos de carácter general (y aceptados universalmente), es decir aquellos principios comunes entre grupos sociales y grupos profesionales, entre otros (Bakhtin y Ponzio 1997).

Por su parte la moral, analiza las normas y juicios que un individuo considera antes de tomar una determinación para ejecutar unan acción, dicho de otra forma, la moral son las reglas particulares de un sujeto que sirven para determinar su conducta privada y pública, la consideración particular de tomar ciertas normas como guía de conducta es lo que determina si se actúa moral o inmoralmente Carrasco (Barranco, 2007).

La marcada diferencia entre ética y moral tiene como base para la primera, una consideración universal de principios, igualmente llamados valores que sirven como guías de interacción social, aplicables a todo tiempo y ajustables a la condición contextual de la historia, Mazuela (2002) señala que entre ellos se encuentran "amistad, amor, bondad, confianza, fraternidad, honor, honradez, justicia, libertad, tolerancia, verdad", etc. Hortal (1994) propone para su reflexión cuatro principios básicos (previamente ya considerados en el campo de la bioética) que caracterizan la ética y aplicarlos igualmente a la docencia universitaria, claro realizando los ajustes pertinentes a su dinámica. Dicha propuesta ha trascendido campos de conocimiento con tal impacto que actualmente se ha convertido en un referente obligado en los trabajos relacionados con la ética y valores profesionales en sus múltiples ámbitos:

a) *Principio ético de autonomía:* Beauchamp y Childress (2009), señalan que considerando las posturas de carácter teórico existente en torno a la conceptualización y práctica del derecho universal de la libertad, como principio de autodeterminación de los hombres y la ejecución acciones que se plantee de acuerdo a sus intereses, dicho principio tiene sustento para otorga el derecho a cada persona a realizar con plenitud las actividades que desee o representen un valor importante a sus interés o necesidades, considerando para ello no interferir en la libertad y afectación de los intereses de sus semejantes, tratándolos con respeto y dignidad.

b) *Principio ético de no maleficencia:* Partiendo de la expresión latina "primum nil nocere" o "primum non nocere", cuya traducción se entiende como "lo primero es no hacer daño", la esencia del principio ético de no hacer daño se refiere al acto de no perjudicar de forma alguna a las personas, respetando sus condiciones particulares y colectivas. Contextualizando el presente trabajo y el principio tratado en este apartado, seria velar permanentemente por el respeto y cuidado de los derechos humanos del alumnado y trato cordial entere colegas de profesión dentro del ámbito local UAMCEH

c) *Principio ético de justicia:* Establece el tratamiento social de respeto y verdad a quien lo merezca, partiendo de los lineamientos sociales de orden, aprobados por la colectividad que igual otorgan derechos y obligaciones, como la convivencia en orden y paz. Igualmente, la justicia pretende otorgar criterios de atención y equidad, evitando actos de discriminación a cualquier nivel de convivencia social.

d) *Principio ético de beneficencia:* Dicho principio es lo opuesto a la maleficencia que genera daños a la integridad de una persona de muy distintas formas, su polo opuesto se la beneficencia y consiste en realizar el bien a los semejantes o ayudar a prevenir acciones que causen daños. En el campo profesional su práctica se refiere al desarrollo de las funciones correspondientes a una labor asignada priorizando el bien de los semejantes en todo momento.

Por su parte la moral, observa consideraciones de carácter personal, si bien es cierto que existen acciones consideradas como bien vista por la sociedad, anteceden a estas las que el hombre en el plano individual se forma y asume como códigos personales, lo que determina su particular estilo de vida, es decir forman parte de su conciencia y utiliza para guiar su conducta y encuadrar sus conceptos existenciales en todos los planos sociales.

2.6. La ética y su vinculación con la práctica docente universitaria

Desde la época primitiva hasta nuestros días, educación y ética han estado unidas, pero tiene objetivos diferentes debido a su propia naturaleza, pero existe un punto de convergencia: hacer del hombre un ser mejor. La primera es un proceso social que requiere la interacción social para alcanzar la transmisión y comprensión términos cognitivos, desarrollo de medios para mejorar las condiciones de vida y conceptualizaciones culturales, que a su vez son elementos de identificación para un grupo o civilización. Por su parte la ética al estudiar los actos humanos se transforma significativamente como elemento instruccional para los integrantes de toda sociedad, es decir los actos del hombre en esencia poseen una carga ética (De Torres y Palacios, 2009).

La vinculación entre ambos términos es visible al convertirse como un elemento que se integra al proceso educativo para equilibrar y ordenar la conducta de los actores educativos: docente y alumno; dando con ello un sentido de responsabilidad al rol y estatus que cada sujeto ocupa dentro de la sociedad, generando así un orden consensado.

Si los actos del hombre particulares y generales (entre ellos la docencia), tienen una carga ética, entonces educar representa una responsabilidad social que va más allá de formar en términos de cognitivos el alumnado e implica desarrollar una conducta profesional decorosa dentro y fuera de los espacios áulicos, primero cumpliendo con las normas y lineamientos institucionales en términos administrativos, de comunicación y respeto integral de las relaciones humanas (Verneaux y Medrano, 1988).

Señalar la multitud de cambios que ha sufrido la sociedad en general durante las casi dos décadas del presente siglo puede parecer un acto sencillo de señalar, pero son precisamente estos los que han marcado las dinámicas sociales desde las relaciones sociales entre generaciones, formas de comunicación, nuevos modelos educativos y métodos de enseñanza basadas en nuevas tecnologías, procesos de producción y hábitos de consumo, etc. Dentro de los cambios antes señalados se debe mencionar que las profesiones tradicionales y emergentes no escapan a los cambios y ajustes de sus respectivos ethos, impacto que su desarrollo genera en términos de responsabilidad social, es decir la comprensión y práctica de los principios éticos particulares a cada profesiones hoy son una demanda sentida y necesaria para logar superar la calidad de los servicios y atención derivada en su práctica (como es el caso de la docencia) globalizada, de tal forma que los estudios sobre ética aplicada a las profesiones nacen como consecuencia de los hechos anteriormente señalados, y como señalan Cortina (2002), Abadzi (2010), y Hernández (2015), la sociedad actual demanda de las instituciones la necesidad de diseñar una ética aplicada, capaz de adaptarse a los diferentes campos de la vida social y productiva, contribuyendo con estrategias académicas que incluyan temáticas con carácter ético que favorezcan la percepción de responsabilidad profesional de los estudiantes y su adaptación al vida productiva.

2.7. Ética profesional y su vinculación al acto educativo

La atención que recibe actualmente el tema de la conducta profesional, se divide para su comprensión en la interiorización de los principios axiológicos que posee un individuo y la aplicación de los mismos traducidos en una conducta, hecho que no puede pasar desapercibido por la sociedad y sus organizaciones, razón por la cual conceptual y simbólicamente podemos hablar que existe un origen y representación que sirve de base para la aplicación de los principios axiológicos en las diferentes profesiones y campos de conocimiento. Para Cordero (1986), hablar en este caso de la ética profesional ligada al acto educativo, es de utilidad para normar la conducta del docente, evitando su desviación hacia acciones que dañen las interacciones sociales derivadas de sus funciones y comprometa la imagen institucional a la cual sirve.

La ética profesional como disciplina proporciona pautas de orientación moral para la conducción correcta en el desempeño profesional dentro de un ámbito determinado, es decir tiene por objeto de estudio las actividades desarrolladas por los individuos socialmente acreditados o certificados para ejercer una profesión, que socialmente carga con una responsabilidad que deriva en consecuencias para bien o para mal. De acuerdo con Hidalgo (1994, p,15), la ética como "disciplina filosófica se ocupa de las acciones o conductas morales, costumbres, normas o ideas que regulan los comportamientos prácticos de los seres humanos", partiendo de tal afirmación Cobo especifica que la ética profesional es "tiene por objeto de estudio determinar el conjunto de responsabilidades -y valores- éticas y morales que surgen en relación con el ejercicio de una profesión". Oakley y Cocking (2001), citados por Bolívar (2005, p,96) explican que la ética profesional (no es igual a códigos deontológicos) "tiene un sentido más amplio, sin limitarse a los deberes y obligaciones que se articulan en un conjunto de normas o códigos de cada profesión, para dirigirse a las virtudes y los roles profesionales". Existe un uso extendido en el discurso cotidiano, donde se emplea sin distinción los términos ética profesional y deontología, situación por demás alegada de la realidad, ya que la primera está unida a lineamientos de conducta propios de una profesión; la segunda se refiere a normas que guían la conducta de una persona en dos planos: el individual y el social, es decir son código particular que guían el rol social de un ethos profesional como los contadores, abogados, médicos, etc.

Por su parte Yuren (2013, p, 1), define la ética profesional como "el conjunto de saberes, creencias, valores y esquemas de acción que orientan las prácticas en el campo profesional". Un común denominador encontrado en investigadores como Méndez (1983) y Rodríguez (1989), permite identificar tres aspectos básicos relacionados con la conducta ética y moral que todo profesional debe desarrollar en su respectivo campo, anteponiendo su responsabilidad social a los intereses personales:

- Las correctas acciones desarrolladas dentro del campo laboral deben ser señaladas y servir como parámetro, lo que seguramente motivara al resto de la población trabajadora.

- Las bases morales individuales, en conjunto con los principios de responsabilidad social de la institución, permiten establecer los principios y límites de conducta de cada integrante.

- Cada individuo es responsable de su conducta moral y profesional.

La vinculación resultante de estos principios es ineludible y puede ser utilizado para explicar la importancia ética del cuerpo docente, su trascendencia en la vida del alumnado universitario. Diversos estudios y posturas teóricas coinciden en señalar el trabajo docente como elemento formador que sus acciones trascienden en términos de responsabilidad social los limites escolares, su desempeño servirá de modelo para el futuro profesionista. Un ejemplo que ilustra el anterior comentario, se encuentra en un documento presentado por la National Council on Teacher Quality (2004) refiriéndose a la influencia docente, señala que las competencias éticas y dominio técnico de su vocabulario relacionado con su disciplina profesional, son tan importantes que inciden en el desarrollo académico de los alumnos, por lo tanto la conciencia de actos ligados a una responsabilidad profesional son básicos para el perfilar la calidad de un ambiente formativo.

En esa misma línea reflexiva e investigación Juvonen & Wentzel (2001), señalan en sus trabajos orientados al análisis existente entre los aspectos motivacionales y cognitivos, la importancia y conciencia sobre la forma como aprendemos y actuamos docente o alumnos-, es decir la aplicación meta cognitiva en el desarrollo de las obligaciones de ambos actores dentro del proceso enseñanza aprendizaje, es decir deben cumplir con sus respectivos principios éticos, posteriormente el primero está obligado a cumplir con las obligaciones de su profesión y el segundo con las obligaciones de un estudiante en formación.

Bolívar (2005, p, 96) considera que la ética profesional "comprende el conjunto de principios morales y modos de actuar éticos en un ámbito profesional forma parte de lo que se puede llamar ética aplicada, en cuanto es aplicada a cada esfera de la actuación profesional, los principios de la ética general pero paralelamente dado que cada actividad es distinta y específica, incluye los bienes propios, metas, valores y hábitos de cada ámbito de actuación profesional". La anterior referencia se puede explicar cómo la responsabilidad moral de cada individuo al ejecutar actos con principios de calidad sin afectación a quien reciba su atención durante el ejercicio de su profesión, desarrollo de actividades esperadas conforme a su aplicación ética para el beneficio social, es decir el desarrollo de actos moralmente aceptados.

2.8. Valores docentes y su práctica

El significado aportado por Fierro, Fortual y Rosas (2000, p, 10) sobre la práctica docente señalan que esta es "es una praxis social, objetiva e intencional en la que intervienen los significados, las percepciones y las acciones de los principales agentes implicados en el proceso de enseñanza y aprendizaje: maestro y alumno, así como los aspectos político-institucionales, administrativos y normativos que cada institución y país delimitan respecto a la función del maestro", la anterior exposición permite conocer que tras la práctica docente existe una gama de responsabilidades que superan con mucho los espacios áulicos y colocan al docente en posición estratégica para impulsar el desarrollo de las capacidades cognitivas del alumnado frente a las expectativas de la colectividad.

En relación con la educación superior, Suero (2003) considera que la práctica docente es igual de importante para el desarrollo cognitivo, la investigación, reproducción y la construcción de valores relacionados con la ética del futuro profesional, ante ello el docente está obligado a convertirse en agente de cambio con acciones que dejen ver sus principios axiológicos a fin enlazar los contenidos curriculares con la realidad social de los entornos micro y macrosocial.

Una práctica docente comprometida en términos sociales debe estar precedida de una postura axiológica capaz de abarcar dos esferas:

✓ individual-colectiva: que considere primero que el hombre es un ser en continua formación capaz de lograr grados de desarrollo significativo que sirvan sus acciones de ejemplo para su reproducción, generación de conocimientos y conductas aceptables

✓ profesional: lograr mediante y a través de una preparación estructurada y práctica, impactar en la formación del alumnado y llevarlo a reflexionar sobre

Continuando en este contexto, se entiende que las instituciones de educación superior son agentes sociales que interviene como un transmisor de valores, por medio de las acciones docentes, al ofrecer primero los conocimientos marcados planes curriculares, los principios de convivencia individual, colectivo y la futura preparación académico profesional, de esta última se espera una práctica idónea para la reproducción de actos responsables como el respeto a los bienes particulares y colectivos, derechos humanos, la igualdad, tolerancia, valores democráticos, etc.

2.9. Resumen parcial de objetivos desarrollados

Guzmán, Fermán, Torres, y Díaz, (2005) enfatizan los valores docentes como apreciaciones definidos por un cuerpo de profesionistas que hacen suyas, con el objetivo de regulan la conducta de sus miembros durante el desarrollo de su ejerció dentro y fuera de los limites materiales de las instituciones educativas, coadyuvando a la formación de ciudadanos íntegros, en ese contexto los valores son considerados como elementos de tipo conductual que determinan el desarrollo de la personalidad, la sociedad e instituciones que la construyen. Por su parte la jerarquía de valores docentes, aunque está determinada por las convicciones y necesidades de los individuos, refleja la influencia que la sociedad ejerce sobre ellos y muestra las interacciones durante el ejercicio profesional en términos de principios éticos y morales que finalmente legitiman rol social.

2.10. Los valores y su conceptualización

Los valores han acompañado al ser humano desde el principio de los tiempos. Arteaga (1999) señala que, a decir de especialista en el tema, son los que determinan las conductas sociales, de tal forma que el desarrollo social está impregnado por el ser y hacer tanto de individuos como instituciones, unidos solo por las decisiones que elijan para su contexto y momento.

En ese recorrido histórico, la expresión valor hace referencia a todo lo que la conciencia del hombre considerara como "bueno", fuese un objeto, una situación de vida favorable o el actuar social. Cordero (1986), pone de manifiesto que a principios del siglo pasado existía un alto interés de estudiosos de diferentes campos de las ciencias sociales, por definir y conocer la forma en que los valores permeaban la vida cotidiana, colectiva.

El devenir histórico y evolución poblacional trajo consigo la repetición de acciones consideradas por los grupos sociales como valor, lo que dieron paso a una percepción de medida relacionada con la posesión de valores, de tal forma que un individuo sería considerado como referente social aceptable –bueno- por sus acciones y posesión de sus bienes materiales, de esta forma el desarrollo de una civilización, seguramente se inició por la aceptación colectiva lo que genero la identidad a su cultura: la unión de significantes: valor, percepción, posesión y desarrollo cultural, siguiendo en dicha perspectiva Kieniewicz (2005), concibe las civilizaciones como el conjunto de principios y valores que dan orden a las relaciones entre los individuos, de tal forma que sobre la conformación de dichos valores se construyen las culturas, su contexto y cosmovisión.

Es importante señalar que la interpretación existente sobre los valores, están presentes a lo largo de la historia en todas las culturas y la expresión particular de cada una refleja su cosmovisión traducida en hechos y representaciones holísticas. Jaeger (1945), es puntual al señalar que los valores dan razón del ser y hacer de un individuo, además señala que los elementos contextuales son un factor básico para el entendimiento y comprensión del término valor, ayudan conocer lo que fueron en su línea de tiempo existencial.

Por su parte al hablar en términos económicos, el valor se define como algo establecido por el ser humano (es un concepto antropocéntrico), de manera que no se considera que los bienes y servicios tengan un valor a menos que el hombre mismo se los otorgue. Desde esta perspectiva estrictamente económica, aseguran Puga y García (2007), no existe un valor natural o intrínseco a las cosas, los valores poseen una naturaleza, pero son abstracciones de una realidad construidas por cada sujeto, y quien le adhiere un estatus tangible e intangible a los objetos y las conductas humanas, en su relación con la utilidad de este por sus consecuencias y alcances sociales, en este punto se asignan el precio o utilidad al objeto o conducta en cuestión.

El Diccionario de la Real Academia de la Lengua (2014), nos indica que la palabra valor – sustantivo masculino - proviene del vocablo latino valor, -óris, significa: "grado de utilidad o aptitud de las cosas para satisfacer las necesidades o proporcionar bienestar o deleite". "Alcance de la significación o importancia de una cosa, acción, palabra o frase". "Fuerza, actividad, eficacia o virtud de las cosas para producir sus efectos".

Salmerón (2004), es particularmente claro al señalar que los valores que posee un individuo son elementos de carácter dinámico, no son fijos, estos se activan según las situaciones y se adaptan a los contextos socio históricos y estructura biológica de desarrollo que construyen al sujeto mismo. El núcleo de la idea anterior permite vislumbrar que los valores son percepciones - individuales y colectivas - constantes que tienen como catalizador las condiciones sociales del momento e igualmente sirven para explican el pulso de la sociedad y su identidad, lo que permite realizar análisis posteriores de un tiempo pasado.

En resumen se puede decir que los valores son modelos culturales construidos por cada individuo a partir de normas de conducta aceptables – o ideales – y elemento fundamental para la convivencia del bien colectivo, la construcción de dichos modelos es resultado de la acumulación de conocimientos - en este caso : juicios - generados a través de la historia colectiva llevados a la práctica, la transición temporal de la sociedad y sus ritmos mantienen valores insustituibles y ajustes en aquellos que favorezcan su desarrollo. Al reflexionar sobre la utilidad temporal de los valores se debe aclarar que no son fijos, más bien al ser un elemento presente en la conducta humana, estos se justan a los cambios de su contexto social (lo cual no excluye las profesiones), en tal sentido, se puede afirmar que poseen una naturaleza histórica, transitoria, ya que corresponden y favorecen el desarrollo de respuestas a las necesidades de un momento, sean necesidades individuales o colectivas como es el caso de la educación Fajardo (2000).

2.11. Tipos de valores

Los valores son parte innegable de la personalidad de un individuo, además de ser guías para conducta social, sirven para establecer una escala de principios que determinan prioridades como posiciones ante temas difíciles como la emisión de opiniones, juicios, formas de relación social y desarrollo de acciones profesionales. Lirios, Guillén y Valdés (2014) consideran preciso señalar la existencia de valores compartidos por un grupo o segmento de la población, basados en condiciones propias como nivel educativo, ingreso económico, afinidad política, o intereses comunes por contexto histórico. Otro tipo de valores son los llamados particulares y corresponden grupos que por su naturaleza son casi exclusivos como credos religiosos, entre otros.

A continuación, y a fin de contribuir con una perspectiva más amplia sobre el tema se desarrollan los valores que una vez consultados en bibliografías especializadas se ubican como los más destacados.

2.11.1. Valores universales

Negrete (2014, p,1), conceptualiza los valores universales como "el conjunto de normas de convivencia validas en un tiempo y época determinada" (amistad, amor, bondad, confianza, fraternidad, honor, honradez, justicia, libertad, paz, respeto, responsabilidad, solidaridad, tolerancia, valentía, verdad. Dichos valores constituyen las características que identifican la personalidad de los individuos, traducidas en acciones sociales consideradas como aceptables.

2.11.2. Valores humanos

Para Zelada Vargas (2018, p, 1), especialista en el sector de la salud, los valores humanos son "conceptos universales que controlan la acción del ser humano y que sobrepasa más allá de las culturas y de las sociedades", dicha perspectiva engloba una posición por demás interesante que se relaciona con la virtud humana de hacer el bien, razón por demás importante para ser investigada en el marco de distintas sociedades y líneas de tiempo, tal como lo demuestran las teorías de Raths (1967), Mantovani (1962), Hofstede (1980), Schwartz (1994), Triandis (1996), Inglehart (1998), e investigaciones de Gouveia y Ros (2000), Rezsohazy (2006). En tal sentido la Agencia de la ONU para los refugiados (2019), en su página oficial señala que "los valores humanos son el conjunto de ideas que tiene la mayor parte de las culturas existentes sobre lo que se considera correcto". Dichos principios se adquieren de manera gradual hasta convertirse en el patrón de carácter discrecional o selectivo que define al ser en lo individual y lo colectivo, que los percibe como ideales; son considerados como entes abstractos y de naturaleza universal, pues al ser aceptados por una mayoría se convierten en medios que facilitan una convivencia y desarrollo armónico.

2.11.3. Valores socioculturales

Williams y Albert M. (1977) consideran los valores socioculturales como importantes ya que influyen en el comportamiento específico de un individuo, pues están integrados por elementos cognitivos-afectivos. Los valores, en general y en particular los llamados socioculturales, sirven para identificar patrones de comportamiento, razón por la cual a través de ellos se puede establecer variables pictográficas "que permiten categorizar a las personas en relación con sus concepciones psicológicas", así lo mencionan Sarabia y De Juan (2009, p, 9) en una investigación orientada a descubrir los comportamientos sobre el consumo y los valores tras de dicha acción.

2.11.4. Valores morales

La consideración social generalizada que reconoce la existencia de actos considerados positivos y que por su naturaleza y finalidad son considerados buenos para el hombre y la construcción de una mejor sociedad y se les denomina como valores morales y sirven como una guía orientadora de la conducta social, pues son generados a partir de la reflexión consiente sobre él porque y para que, de los hechos y su trascendencia como la aplicación de la justicia, respeto a la libertad, promoción de la igualdad, tolerancia, etc., además poseen dos características básicas son universales para todos los hombres de todas las culturas y son por su misma naturaleza auto obligatorias, es decir están presentes en cada hombre y su conciencia dicta su conducta.

2.11.5. Valores espirituales

Son los principios de carácter personal e íntimo que una persona tiene y se manifiesta en la creencia y práctica de acciones que le acercan a Dios. Los valores espirituales generalmente están ligados a una creencia religiosa que se enfoca en el desarrollo de principios no materiales, de tal forma que la constancia de una práctica ritualista diaria, basada en buenas acciones favorece la interacción con sus semejantes, con ello se logra alcanzar un nivel de espiritual más profundo.

2.11.6. Valores estéticos

Se pueden definir como aquellos tienen como objeto final estudiar las cualidades de origen que presenta un objeto y la apreciación de este en términos de belleza, armonía, textura, color, profundidad, etc., normalmente dichos valores están relacionados con las bellas artes como la: pintura, escultura, arquitectura, literatura, danza, etc.

Al respecto de la educación y su valor social como agente formador y desarrollador de conciencia estética, Steiner (2001), citado por Zimmerman (2001, p,1) declara que "el proceso educativo es propiamente un proceso artístico, y el docente es un artista", por cuanto hace uso de sus capacidades creativas considerando las características del elemento humano para moldear su aprendizaje, ejecutando actividades de planificación, desarrollo e impartición de clase (sesiones) y evaluar el impacto de los contenidos representados en términos cognitivos. Más recientemente se han generado y retomado opiniones que consideran a la educación como un arte y el arte como medio para enseñar valores, entre ellos se encuentran Read (1982), Mauss (1998) citado por Morin (2000), Maturana (2001), Viñao (2004), López Martin (2012-13).

2.11.7. Valores materiales

Son aquellos que se consideran básicos e importantes para la subsistencia del hombre (alimento, vestido, vivienda, seguridad, salud, etc.).

2.11.8. Valores Intelectuales

Son el conjunto de valores que se refieren a la capacidad racional del hombre para percibir, analizar y explicar su entorno, igual que todo fenómeno y proceso naturales y sociales, dichos valores son de alta utilidad pues generan acciones que representan la solución a problemas de la vida cotidiana o profesional.

2.11.9. Valores instrumentales

Dolan (2017), los considera como un conjunto de valores que el hombre utiliza en forma cotidiana a fin de alcanzar sus objetivos, vistos de esta manera pueden ser entendidos como las formas o modelos que guían las concepciones iniciales de las cuales parten juicios, principios, convicciones y concluyen en formas de conducta que un individuo genera a fin de alcanzar sus metas.

A fin de comprender la profundidad de los alcances que representan los valores instrumentales para su estudio se pueden dividir en:

✓ Valores éticos morales: Son las guías que orientan la acción social, por su naturaleza dan sentido a la conciencia individual y conducta final. Por su parte Robbins (2002), señala que sirven para guiar el comportamiento específico de acciones responsables, honestos, de lealtad, religiosos, etc.

✓ Valores de competencia interpersonal: Se enfocan en analizar los procesos lógicos (coherencia de hechos) que cada individuo realiza en su autoanálisis sobre una situación o hecho que demanda un planteamiento previo a una solución o emisión de un juicio parcial o definitivo. Su alcance vincula lo particular con lo social en el entendido de que su comportamiento puede incidir de manera positiva o negativa para el crecimiento profesional y la obtención de estímulos de carácter económico, promociones escalonarías, etc.

2.11.10. Valores políticos

Salabarría (2015, p, 16) señala que los valores políticos son "aquellos significados de las relaciones políticas según su capacidad para articular soluciones que contribuyan a satisfacer las necesidades socialmente reconocidas y conservar el poder que hace posible lo anterior, asumidos social e individualmente por los portadores de la cultura política"; de esta manera las conceptualizaciones individuales se transforman en una herramienta que estructura las ideas políticas de un grupo o gremio e incluso de un individuo en interpretaciones de una visión social con respecto a un proyecto de desarrollo social.

El interés por estudiar los valores políticos, afirman Salazar y Woldenberg (1997) no es un tema de reciente creación ya desde la antigüedad las polis griegas y ciudades romanas, atreves de sus dirigentes y ciudadanos dedicaban tiempo y reflexiones sobre la dirección de la población y sus intereses, pero fueron los griegos quienes alcanzaron un nivel alto en el estudio de la ética pública y su relación con las decisiones del poder.

El Diccionario de Ciencia Política y de la Administración (2015) (Proyecto de Innovación Educativa de la Universidad Complutense de Madrid en el año 2015), señala que fue Leon Festinger, el primero en utilizar el término valores políticos, en su obra publicada en 1957 "Teoría de la Disonancia Cognitiva". Dicha teoría sostiene que los individuos en general suelen realizar comparaciones de carácter social con otros sujetos a fin de autoevaluarse (para asegurar sus creencias y valores), dando como resultado la identificación de insatisfacciones, carencias, molestias, actitudes, concepciones de carácter cultural y políticas entre muchas otras, esa diferencias se conocen como disonancia (malestar psicológico que presenta una persona al recibir nueva información y esta pone entre dicho la base de creencias, generando con ello una pugna conductual), de tal manera que al identificarse con personas e ideales semejantes a los suyos y fortalezcan su creencia los adoptara como suyos a fin de reducir la disonancia y adoptan como suyos los valores políticos, por señalar un ejemplo.

Villoro (1997) señala que los valores políticos se distinguen porque su contexto es de carácter público y sus consecuencias afectan a toda la sociedad, s sus objetivos son comunes, sus objetivos alcances y consecuencias están relacionados con la posesión y ejercicio del poder, son factibles de realizarse.

2.11.11. Valores profesionales o laborales

Los valores profesionales o laborales están íntimamente ligados con los universales y morales en tanto que representan las normas básicas de conducta que rigen la vida de una persona y su relación con sus semejantes. Hargreaves (1995), señala, mientras que los valores profesionales están más relacionados con los deberes y obligaciones que corresponden al desarrollo particular de una labor profesional, dichos valores están representados en códigos deontológicos que señalan las normas de conducta por las cuales se debe guiar determinado gremio profesional, su estructuración son resultado de un trabajo colegiado, llegando a convertirse en pieza fundamental para la ejecución de un trabajo de calidad. Hortal (2002), citado por Ibarra (2007, p.44), especifica que la ética profesional aporta a los códigos deontológicos "un panorama con principios y criterios para reflexionar racionalmente los aspectos éticos de cada profesión en particular", igualmente tratan y consideran la conducta de los profesionales, todas las profesiones, independientemente de la naturaleza de sus orígenes, comparten valores comunes como: honestidad, responsabilidad, respeto, integridad ética, profesionalismo, secrecía.

2.11.12. Valores institucionales

Son los principios que rigen la vida profesional de los sujetos que laboran en una institución sea está de carácter público o privado, "constituyen la base en que se apoya la filosofía de la organización y el verdadero sustrato de identidad y cohesión entre los miembros de ésta" Arias y Heredia (2006, p. 259).

La página oficial del Gobierno de las Islas Canarias (España) -, al respecto de los valores institucionales de la administración señala que estos se clasifican para su comprensión en tres modalidades:

- Sociales: Son considerados como los más importantes ya que contribuyen al bienestar de la sociedad a través de servicios de calidad, atención y promoción.

- Organizacionales: están relacionados con la actualización y mejora permanente de los procesos y administración de los recursos de la organización misma, para ello realiza, impulsa, optimiza, maximiza actividades innovadoras, de investigación y conciliación de interés al interior.

- Económicos: Son los elementos que se orientan a la obtención de recursos económicos y están relacionados con la generación, maximización, manejo pertinente y promoción de beneficios económicos para elevar el bienestar social o particular de un grupo.

2.12. Características representativas de los valores

La adopción de los valores se inicia en las etapas más tempranas de la infancia humana, es resultante de la socialización en la que se encuentran los individuos con su grupo referencia (entiéndase familia nuclear), posteriormente la convivencia extendida durante su formación escolar y demás grupos secundarios, favorecen la adquisición de experiencias que servirán de referente para integrar su estructura ético-moral, este gran acción en particular es definida por Álvarez (1990), como educación en valores, es el proceso que ayuda a las personas a construir racional y autónomamente los valores.

Lahoz (2009), establece que todas las personas poseen un estado pleno o parcial de consciencia sobre referentes que sirven para considera si un objeto, conducta, actitudes, opiniones, concepciones ideológicas o de fe, etc., tienen valor o no y en qué grado. Con el simple acto de considerar si un objeto, conducta o situación es más importante que otra, se está generando un nivel de valor, que lleva a una pregunta común entre expertos de todos los tiempo (Tomas de Aquino, Kant, Durkheim, Kohlberg, Hartmann Scheler, Moore, Rusell, Barton, Frondizi, y otros.) y población interesada en el tema:

¿Qué criterios se deben tomar en cuenta para decidir si un valor es alto o bajo?, la respuesta podría iniciar señalando primero que el marco sociocultural de cada individuo es diferente, único, lo cual genera a su vez una carga ideológica múltiple en función de su rol y estatus dentro de la estructura misma de referencia; posteriormente se debe considerar que la apreciación de valor parte del grado de necesidad existente en la percepción del sujeto que lo demanda para obtener satisfacción y alcanzar un grado óptimo de desarrollo, lo que significa que los valores se reconstruyen de acuerdo a la época y condición particular o de grupo. Además de las condiciones antes señaladas, existen características que deben estar presentes al momento de considerar un referente de valor para enfrentar una decisión o llevar a cabo una conducta, por ejemplo, Ortiz (2018) sostiene que "son muchísimos los valores universales o superiores o universales, pero los caracterizan tres condiciones:

- Son cualidades que están adheridas a un objeto o bien, pero no tienen existencia concreta, sino una existencia virtual. Los valores antes de incorporarse al respectivo portador, depositario o bien, son meras "posibilidades"
- Son absolutos y universales. No cambian. Lo que cambia es su apreciación.
- Todos valores tienen su polaridad, su contravalor y ambos parten de un sentido contrario de un punto cero, de donde resultan las jerarquías de estos o escalas de valores.

Godoy (s.f.) realiza una aportación puntual de cinco características únicas en los valores:

- Durabilidad (tiempo en que se aplican o representan vigencia existencial).
- Flexibilidad (adaptación simultánea al factor tiempo de la evaluación humana y social).

- Jerarquía (posicionamiento de mayor o menos valor en relación con la perspectiva del sujeto con relación a sus aplicaciones).
- Polaridad (propiedad que caracterizan las posiciones opuestas).
- Satisfacción (sensación optima experimenta al cubrir una carencia de diferente tipo).

Otros autores e instituciones como Rivas, Rocabert López (1998), Yates (1990), Brides (1989), García Martínez (2013), desde sus campos de estudio y desarrollo social, han señalado directa e indirectamente términos que caracterizan en mayor o menor grado los valores más ponderados en relación con sus necesidades (materiales, laborales, profesionales, etc.) y agregan que a medida que un valor se ubique en nivel más baja de la escala, más pesan las concepciones subjetivas; a mayor nivel de localización en la escala, mayor será la concepción objetiva.

2.13. Naturaleza conceptual y clasificación de los valores por área de conocimiento

La importancia que radica en los valores mismos como elemento básico para el desarrollo socio cultural, género en las últimas décadas del siglo pasado un crecimiento en su estudio y generación de material bibliográfico importante desarrollado por especialistas de habla inglesa como Khon (1977), Merton (1968), Brainthwaite & Law (1985), Muller & Wornhoff (1990); en Latinoamérica y España por su parte se pueden mencionar, por ejemplo: Bolívar (1992), Geruld (1990), Sánchez (2005), Cortina (1997). Baxter (1989), entre otros.

Las siguientes conceptualizaciones sobre los valores, fueron desarrolladas por especialistas en distintas áreas del conocimiento, con la intención de reflexionar y explicar las causas que mueven al hombre y la esencia de sus acciones, cada posición deja ver su perspectiva teórica con respecto a los mismos y su relación con el funcionamiento individual, colectivo e institucional del hombre como un ser social.

2.13.1. Sociología

Desde esta óptica se pretende desarrollar una explicación organizada del funcionamiento social y actuar de sus integrantes para alcanzar niveles de desarrollo y bienestar aceptables, lo que indicaría un buen funcionamiento de la sociedad en su conjunto.

Los estudios existentes sobre el análisis sociológico de los valores permiten vislumbrar dos corrientes: La que considera que los valores mantienen un nexo entre las acciones desarrolladas por el individuo y los objetivos que desea alcanzar como medio para establecer una posición dentro de la estructura, es decir los principios (valores) y convicciones están relacionadas con la determinación del actuar dentro del contexto sociocultural; así lo demuestran los trabajos de análisis autobiográficos de los campesinos polacos, desarrollados por Thomas & Znaniecki, en la segunda década del siglo pasado, que detalla el proceso migratorio hacia Norte América, como un fenómeno social y la incorporación a una nueva cultura. En términos históricos la investigación de Thomas, Znaniecki y Zaretsky (1984) establece un nuevo parámetro para futuros trabajos de corte sociológico puesto que no existía hasta ese momento trabajo alguno que considerara los valores como parte de los estudios mismos, con ello establecen la metodología para futuros estudios de vida.

El logro de Tomas y Znaniecki (1918, p. 22), en señalar como plataforma a la conciencia para establecer la realidad de las acciones humanas y su porque, les permitió ser los primeros en definir, dentro de las ciencias sociales el concepto de valor como "cualquier dato que con un contenido empírico accesible a los miembros de un grupo social y con un significado en relación con el cual este es o puede ser un objeto de actividad". Garrido (1993) señalan que dicha corriente sociología tiene por objetivo estudiar las interacciones sociales, derivadas de los patrones culturales entre los que se incluyen los valores como guía de la conducta desarrollada por un grupo social.

La segunda corriente representada por Parsons (1974) considera los valores como un elemento de control cultural que rige las acciones sociales y la conducta colectiva. Igualmente define el valor como un componente de carácter emblemático o característico de un individuo, y es utilizado como guía para enfrentar y/o resolver situaciones, tomar decisiones. Es decir, su finalidad es orientar y elegir bien de acuerdo con las alternativas existentes en el contexto cognitivo del hombre (Parsons, 1966).

En este sentido queda claro que los valores se entienden como las acciones esperadas por cada integrante de un grupo, en tanto que las normas determinan el tiempo y la forma en que se ejecuten las conductas para lograr los objetivos. El análisis y descripción de la realidad social, señala Parsons (1974) es importante ya son los valores el elemento básico de todas las actividades humanas, y la elección procedimental de los actos establece la ordenanza social, de tal forma que la colectividad ejecuta dichas acciones sin percibir dichas elecciones, y que las mismas fueron dictadas por la mayoría en el trayecto de los intercambios sociales. Abreviando el pensamiento de Parsons en torno a los valores, estos se explicarían como el conjunto de creencias entre lo que se considera aceptables

Los valores son formas que sirven para juzgar y actuar individual y colectivamente (se contemplan las profesiones e instituciones) igualmente se utilizan para conocer y explicar cómo se manifiestan en la realidad, por lo tanto los valores se transforman en pautas sociales que igual se imponen o comparten, de ello da cuenta Kluckhohn (1951), al señalar que los valores son alternativas, se refiere a las distintas formas de conducción que un individuo puede tener, por lo tanto en cada acción se manifiesta la visión de su contexto particular y colectivo. Lo que llevaría a considerar que los valores son principios de orden social que igual claramente tienen como fin hacer y alcanzar lo bueno, lo deseable, lo que beneficia y construye, recurriendo para ello a las instancias y recursos necesarios. La segunda reflexión muestra que los valores son factores permanentes en todo individuo y su ejecución traducida en conductas es determinante en la multiplicidad de relaciones sociales.

Marín (1976) señala que los valores están atañen invariablemente a las necesidades e interés que el hombre tiene, de tal forma que no se limitan a determinadas esferas de la vida social, contexto, cultura o tiempo. La perspectiva ofrecida por el mismo Marín (1976), permite comprender que los valores son parte de la naturaleza humana, por lo tanto, son los que dan sentidos al ser y hacer de tal forma que son necesarios para orientar la vida personal y social.

2.13.2. Antropología

En antropología los valores son considerados elementos subjetivos que evolucionan con la sociedad y establecen lo que es deseable en determinado periodo y bajo las condiciones contextuales del momento histórico, Gervilla (2000), considera la utilidad de la estructuración de los valores y su ejerció social, es resultado de la sucesión generacional que se enriquece y adapta a su contexto con cada nueva generación.

En relación con la práctica y repercusiones tanto individuales y socioculturales de la vida en valores profesionales, se presentan posturas que los consideran tan fundaméntales que

"los valores son indispensables en toda agrupación humana para la convivencia pacífica en el ecosistema familiar, las instituciones y de la misma sociedad. La ausencia de estos valores, obviamente se evidencia en comportamientos estimulados o por impulsos instintivos o por la atracción poderosa de inmediatas gratificaciones sensitivas o por motivaciones carentes de preocupación por el necesario respeto a las personas y a todo el conjunto social en el que actuamos y vivimos". (Aguirre 2011, p. 78)

Al respecto de los valores y su empleo con una visión antropológica Fouliqué (1961, p. 347) señala "el valor es el carácter de una cosa estimada como deseable". Por su parte hay investigadores que consideran la existencia de una fuerte carga moral que sostiene que los valores profesionales, y al respecto señalan que

"son creencias morales fundadas en la experiencia. Contiene bajo su nombre (libertad, igualdad, justicia, solidaridad, orden, respeto,

tolerancia...) modos muy concretos de apreciar la bondad de ciertos actos humanos realizados refiriéndose al resto de ciudadanos y sobre cuestiones vitales que a todos afectan. Se fundan en la experiencia porque es en la acumulación de ellas en donde nacen esa manera de juzgar las cosas". (Sanmartín 2001, p. 130)

Finalmente, la Antropología, percibe los valores como un medio para explicar en términos culturales el desarrollo individual y colectivo, es decir acciones que abonan al desarrollo integral de individuos en su formación y dejar constancia de ello para la posteridad.

2.13.3. Psicología

La construcción y transformación de los valores, tiene como realidad el marco social en el cual se desarrollan las personas, sus conductas y resultados una vez que son registrados pueden servir para identificar y explicar las razones de los actos individuales y grupos sociales, es decir el porqué de sus elecciones y sus creencias (Allport, Vernon & Lindsey, 1969; Schwartz & Bilsky, 1987; Schwartz & Boehnke, 2004).

En términos generales la Psicología estudia los valores a partir del análisis de aquellos elementos que dan forma a la estructura psíquica y los actos derivados (conducta) de la misma como parte de una valoración efectuada sobre las situaciones y elementos que construyen su realidad; al respecto Moriano, Trejo, Palací (2001), señalan que en sentido estricto dicho estudio (sobre la realidad) posee una característica subjetiva, pues cada sujeto es diferente en la construcción de su realidad e igualmente en la vinculación de conocimientos y experiencias de vida que posee.

Por la amplitud de interpretaciones existentes en la literatura especializada, investigadores como Arciniega y González (2000), afirman que la existencia de múltiples conceptualizaciones del termino valor, se debe principalmente a la interpretación de las corrientes de investigación de dicho tema y campo del quehacer humano. Al respecto se puede señalar que, con el desarrollo de la

Psicología Cognitivista, a partir de los años sesenta, el interés por estudiar los valores se extiende y desarrollan métodos e instrumentos para su estudio (Kluckhohn & Strodtbeck, 1961; Gay, Weis, Hendel, Dawis & Lofquist, 1975; Jones, Sensenig & Ashmore, 1978; Hofstede y Bond, 1984; Braithwaite &Law, 1985).

Las siguientes conceptualizaciones sostiene la existencia de un vínculo entre las conductas humanas y las situaciones, así como los entes centrales de su atención, lo que determina la existencia de tal o cual valor, situación que origina un sistema de valores por utilidad, cualidad, grado de dificultad para alcanzar un objetivo, etc. Por otra parte, la existencia de dicha relación no es un proceso vacío, sino más bien se contextualiza dentro de una realidad cognitiva y física. Allport (1966) y Hobel (1973), se refieren a los valores como "una creencia con la que el hombre trabaja de preferencia.

Es una disposición cognitiva, motora, y, sobre todo, profunda del propium". En tanto que segundo proporciona una definición profunda del comportamiento humano que ilustra su naturaleza y esencia.

"los valores son los ejes sobre los cuales se articula la cultura, patrones de conducta, dentro del conjunto global de potencialidades humanas, individuales y colectivas..., creencias profundas en cuanto así las cosas o los actos son buenos y debe aspirarse a ellos, o malos y deben ser rechazados". (Allport y Hobel, citados en Castro 2004, p.478),

Schwartz y Bilsky (1987), Taylor (1989), por su parte consideran que los valores son concepciones ideales social, que lo mismo se puede utilizar para realizar estimaciones sobre hechos conductuales y acontecimientos de orden público, el orden de estos corresponde a cada individuo: para los autores mencionados los valores son creencias personales tienen la función de guiar la conducta humana dejando en libertad la decisión de obrar de tal o cual forma. Dentro de la misma corriente de pensamiento se encuentra. Garzón y Garcés (1989), referido por Bolívar (1992, p. 478), quien sostienen que "los valores serían la dimensión prescriptiva que toda presentación cognitiva lleva implícita y que el individuo utiliza cotidianamente como marco de referencia en su interacción con los demás". Este concepto deja ver una consideración muy importante que los valores en su sentido más amplio son aprendidos y sirven para normar las conductas sociales.

La percepción existencialista desarrollada por May, citada por González (2000, p. 1), es poco común pero igual sirve para ilustrar la época que le tocó vivir y las circunstancias históricas de la posguerra y libertad en términos de valores para sociedad capitalista, al respecto describe los valores como "un avance hacia una forma de conducta; objetivos, fines de la vida a la que nos dedicamos y hacia los cuales elegimos dirigirnos porque creemos que son los modos de vida más deseables". Mostrando su formación teórica y profundo conocimiento sobre la psique humana González Rey, puntualiza

"los valores son todos los motivos que se constituyen, se configuran, en el proceso de socialización del ser (ser humano...). "los valores son todos los motivos que se constituyen, en el proceso de socialización del (ser humano). Un valor se instaura a nivel psicológico de dos formas: los valores formales que regulan el comportamiento de (la persona) ante situaciones de presión o control externos, y creo que no son los que debemos formar, y los valores personalizados, expresión legitima y autentica del sujeto que los asume, y que son, en mi opinión los que debemos fomentar" (González Rey, citado por Duran 2008, p.357),

La propuesta conceptual de Elexpuru y Medrano (2001, p 49) es producto de una reflexión profunda derivada de las contribuciones desarrolladas previamente por Hall y Tonna (1976, 1986, 1985), Parsons& Shills (1951), Maslow (1950, 1968), Rockeach (1968,1973, 1979), señalando que los valores son "ideales que dan sentido a nuestras vidas, expresados a través de las prioridades que elegimos, que se reflejan en la conducta humana y que constituyen la esencia de lo que da significado a la persona, que nos mueven y nos motivan"; de esta forma la existencia de un vínculo entre conducta y motivación está presente en la existencia de un individuo y son los elementos responsables de su conducta, son propiedades de incidencia cotidiana. Arciniega (2002, p. 284), convencido de la importancia de la escuela como institución formativa, consideran que los valores son el cauce apropiado para construir el andamiaje de la conciencia social de los educandos, así lo deja ver en su reflexión sobre el tema cuando señala que "los valores son representaciones cognitivas de necesidades universales expresadas por medio de metas que se organizan en forma jerárquica".

Para concluir este campo de conocimiento se presenta la idea desarrollada por Hitlin y Piliavin (2004, p 363), quienes dejan ver su ascendencia teórica al puntualizar la conducta humana como la guía de interacción social, lo cual lleva a considera las creencias como un elemento central en la toma de decisiones.

"los valores delimitan los parámetros para conductas consideradas aceptables y sirven como estructuras para nuestras experiencias. Los valores llevan consigo una positividad inherente, en contraste con las actitudes que llevan las valencias positivas y negativas. Esta diferencia lleva a las preocupaciones, como medida, como los sujetos suelen aportar pequeñas variaciones al diferenciar entre los valores"

Con relación con el carácter sustantivo de las valencias señaladas por Hitlin y Piliavin, se reconoce el vínculo existente entre los valores y las necesidades, metas, la motivación, expectativas, recompensas, satisfacciones (Locke, 1984,1991; Feather y Newton, 1992), y condiciones que culminan en la definición y uso de los valores en la vida humana, según su cultura y contexto.

En concordancia con sus antecesores, pero desde la óptica funcionalista Gouveia (2008, p. 3), especifican que su postura con respecto a los valores es complementaria ya que abordan elementos que suponen una verdad por la forma en que son tratados y explican su vinculación con las acciones sociales, considerando para ello "los valores comprenden criterios que guían la conducta de las personas y expresan cognitivamente sus necesidades". Esta perspectiva sostiene que los valores, no pueden dejar de lado la esencia humanan, ya que un juicio de valor se integra por la totalidad misma del hombre incluida su expectativa sobre lo que valora por utilidad y beneficio individual y colectivo.

Una interpretación general de las concepciones anteriormente expuestas permite entender los valores como principios que al ser adoptados se convierten en principios que guían la conducta y trascienden la vida ordinaria, su alcance está vinculado igualmente a lo que Lüdecke-Plümer (2007, p 116) denomina "procesos decisorios", es decir recurrir a valores como un indicador que establece los alcances de una decisión dependiendo el área o campo de actuación en que se encuentra el individuo, para ello considera las consecuencias de sus actos y el nivel de beneficios que obtendrá, de esta forma se regula la conducta.

2.13.4. Filosofía

La bibliografía sobre el estudio y análisis de los valores, partiendo de la perspectiva filosófica es abundante y profunda por sus posturas que manifiestan la cosmovisión particular de una persona o bien de un colectivo, a continuación, se presentan algunos ejemplos representativos.

La existencia de concepciones materialista dentro del abordaje filosófico de los valores ofrecida por Konstantinov & Rosental, (1977), es un referente importante para la interpretación social, pues determina considera que el valor es un referente ajeno a los objetos, es decir la concepción material y figurativa es producto del desarrollo social de la sociedad y sus procesos productivos, de tal forma que la evolución social fue marcando dicho proceso.

La visión opuesta a la concepción materialista, que ofrecen Corbi (1983) y Poleti (1983), quienes plantean el valor como fenómeno social y cultural, que se encuentra conectado o condicionado por la forma de vivir de los distintos grupos humanos y que toma lo que puede servirle como factor instrumental para explicar la realidad. Esta doble identidad de los valores muestra que los estilos de vida social están relacionados con las necesidades o deseos y el contexto individual de cada sujeto y sociedad, ambos elementos -necesidades y deseos- son a su vez subjetivos porque cada individuo realiza por cuenta propia un juicio sobre sus intereses, viven con ellos y otorgan una identidad a cada persona y grupos sociales.

Por su parte la perspectiva filosófica desarrollada por González (1992), Pascual (2010) y Cobo (1993), aunque diferentes por sus áreas de acción y alcances concuerdan en interpretar los valores como elementos que dan forma al estilo de vida y objetivos de vida de una persona, estos (los valores) son producto de una actividad razonada. Son los elementos que dan sentido a los pensamientos que estructuran el actuar de acuerdo con su realidad, la interpretación derivada de estos especialistas seria la consideración de los valores como estimaciones finales de un objeto o situación.

López y García (1994), por su parte indican que la acción de estimar es un acto complejo constituido por un análisis cognitivo filosófico que implica determinar en base a las necesidades materiales o emotivas, la importancia de los objetos, actitudes, actos conductuales, mismos que irán agrupando como referentes que sirven para experiencias presentes y futuras. Existen autores Ortega y Mínguez (2000), que consideran la existencia de un sentido de carácter ideal que se pretende alcanzar durante toda la vida, constituyéndose de tal forma un proyecto que da sentido a la existencia humana.

Las concepciones hibridas en torno a la finalidad de los valores están dirigidas a explicar la forma en que estos influyen primero en el plano individual-colectivo y posteriormente en lo colectivo, por tal razón teóricos como el filósofo Tûnnermanch (1999), considera que los valores dan una perspectiva universal, pues son convicciones desarrolladas por los individuos y se constituyen como principios conductuales de vida.

Queda claro que las opiniones y posturas con respecto a los valores no son uniformes y lejos de ser un obstáculo se convierte en una veta de conocimientos que facilita su estudio y explica las acciones sociales de los individuos, quedando en la particularidad de cada individuo, es decir su interpretación se torna en una interpretación filosófica con respecto a sus propias acciones y las de los demás, porque en cada concepto expuesto se percibe la convicción de una idea, la posición que se toma con respecto a un acto común o especializado (como la práctica docente.

2.14. Jerarquización de los valores

Los resultados obtenidos durante la revisión documental relacionados con el objeto de estudio de la presente investigación, muestra que la clasificación de los valores está dada en función de la perspectiva teórica de quien la estudia y expone, por tal razón no existe una clasificación que unifique los criterios.

En términos genéricos los valores se refieren invariablemente a lo que un individuo tiene por bueno, digno, destacado de conservar y reproducir, no se debe perder de vista que la conceptualización en sí misma es compleja y vasta, como se verá líneas adelante, finalmente se coincide en establecer que su aplicación propicia el bien individual y colectivo.

A continuación, se presentan una serie de referentes sobre la clasificación de valores y una descripción general de las mismas a fin de favorecer su interpretación, dichas conceptualizaciones ofrecen una perspectiva analítica de las acciones humanas en torno a la construcción individual y vinculación social sobre los principios que rigen la conducta humana, pero igual describen una corriente de pensamiento que explica la existencia de pensamiento que dan razón y causa a la construcción antropológica de los valores.

2.14.1. Clasificación general de los valores de Gutiérrez Ponce, Raúl.

Gutiérrez (2006) señala que de todos elementos que integran el mundo físico, "el hombre es el punto de referencia, (porque) en el cabe la ordenación de los valores por su capacidad para perfeccionar al hombre", por lo tanto, los valores son un referente ideal para ser mejores y favorecer una mejor sociedad, así en la medida en que se practiquen más valores el perfeccionamiento será un criterio viable de gran utilidad para distinguir aquellas acciones de carácter positivo de las que no poseen tal característica, partiendo de tal referencia los valores en términos generales se clasifican en las siguientes categorías:

Cuadro 1 Clasificación general de valores de Gutiérrez Ponce

Valores infrahumanos	Son aquellos que favorecen la perfección del hombre en relación con aspectos que comparte con la naturaleza animal, como la fuerza, el placer, etc.
Valores Humanos Inframorales	Son exclusivos del ser humano, son resultado de su concepción, apreciación, desarrollo cognitivo y vinculación social. Pueden a su vez subdividirse en: • Valores económicos, son aquellos que a partir de la apreciación de su utilidad material y social se convierten en referente de éxito, riqueza (acumulación). • Valores no éticos (alusivos a los conocimientos y su relación con el mundo material). • Valores estéticos (son los que permiten la apreciación de lo bello, el arte, etc.). • Valores sociales (son los que permite al hombre interactuar con sus semejantes en un estado de libertad y rigen el comportamiento de la sociedad en general)
Valores morales	Son guías referenciales que orientan cotidianamente la conducta humana
Valores religiosos	Son principios que posee un individuo y están relacionados con su creencia religiosa que profesa.

Fuente: Gutiérrez (2004), Adaptación propia.

2.14.2. Clasificación de los valores de Scheler

Sin lugar a duda uno de los personajes más influyentes en el estudio de los valores por su análisis y la herencia filosófica que ha trascendido hasta nuestros días es Scheler, quien entendía los valores como elementos objetivos (ideales), que podían ser aprendidos de manera consiente y llegar a ser parte de los sentimientos y establecer las decisiones del proceder conductual, los consideraba como elementos de doble naturaleza (valor y antivalor). Scheler (2001) consideraba que los valores tenían una serie de funciones básicas para el desarrollo de los individuos, de tal forma que establecen los patrones de conducta, ya que con ellos se analiza y definen las situaciones del ambiente que nos rodea y a partir de ellos se genera una respuesta cognitiva y de juicio, que servirá para la solución de problemas, igualmente señala que los valores de orden ético y religiosas son la base del resto de los valores que un individuo desarrolla en su interacción social. La jerarquía propuesta coloca a los valores en niveles de menor a mayor.

Cuadro 2. Clasificación de los valores Scheler

Valores de lo sagrado (religioso)	Sagrado-Profano
Valores espirituales	Son los permiten apreciar lo estético (bello-feo), cognitivos (verdad-mentira), jurídico-político (justo-injusto).
Valores vitales	Están relacionados con el sentimiento de felicidad-vitalidad, dichos valores son referencia en distintos ámbitos como bienestar-malestar, valentía-cobardía. Corresponden a los sentimientos y están englobados a la alegría, tristeza, salud, vigor, enfermedad y el desánimo.
Valores de lo sensible	Corresponden a los sentimientos del placer y dolor, así como a las pulsaciones básicas de supervivencia. También se ubican en este nivel los valores de lo útil-inútil, suficiente-insuficiente

Fuente: Sagols (2005). *Adaptación propia*

2.14.3. Clasificación de los valores de Maslow

Se reconoce a Abraham Maslow, psicólogo de corte humanista, quien presento por primera vez el término "jerarquía de necesidades", dicha referencia fue incluida en obras de su autoría: primero en el artículo de 1943, titulado "A Theory of Human Motivatde maion" y posteriormente en el libro de 1954 "Motivation and Personality". Maslow, propone la existencia de una jerarquía de necesidades básicas para todos los individuos y la existencia de factores (motivaciones, metas, objetivos) igualmente importantes que les obliga a buscar cubrir dichas necesidades, de tal forma que, durante el tránsito por cubrir dichas necesidades, la personalidad inicia su estructuración. Hutchinson & King (2014), abona a la interpretación de las necesidades con una reflexión que ilustra su importancia, señalando que estas pueden servir para dirigir las acciones necesarias. Originalmente la propuesta fue descrita en líneas dentro de los textos sin que exista referente grafico representado en forma de pirámide, más bien fue la interpretación popular de dicha teoría, la que llevo a su representación de tal como la conocemos actualmente en forma de pirámide (Maslow 1954). El orden jerárquico propuesto por Maslow conlleva a una interpretación progresiva de las necesidades requeridas y los elementos necesarios para resolverlos, en dicho orden estas inician con los tipos fisiológicos y concluyen con las necesidades cognitivas que el contexto social presenta.

Cuadro 3. Clasificación de los valores Maslow

Jerarquía de valor	Elementos integrados al valor	Descripción
Necesidades de Autorrealización	Aplicación de todo conocimiento de tipo cognitivo para resolver situaciones, igualmente muestra la satisfacción por alcanzar logros personales y de tipo profesional que proporcionan reconocimiento social	Ocupan el nivel más alto dentro de la escala de valores. En ellos se manifiestan las capacidades del individuo por hacer y llevar a cabo distintas actividades y resolución de problemas
Necesidades de reconocimiento	Respeto, reconocimiento, triunfos	Se refiere a las necesidades de reconocimiento social por los logros y acciones desarrolladas.
Necesidades de Pertenecía (sociales)	Afecto, el amor, aceptación, afiliación e integración grupal	Se refiere a las relaciones interpersonales de afecto e identidad entre personas de un grupo (familia, amigos, feligresía, ethos profesional, etc.
Necesidades de Seguridad	Personal, de trabajo, de vivienda, de vestido, de educación, de salud, etc.	Son aquellos que garantizan en promedio las necesidades básicas.
Necesidades Biológicas (fisiológicas)	Respirar, comer, hidratación, dormir, descanso, etc.	Tienen que ver con las necesidades fundamentales 'para la sobrevivencia humana

Fuente: McLeod (2017). Adaptación propia.

2.14.4. Clasificación de los valores de Spranger, Eduard.

La investigación de Eduard Spranger sobre los valores y tipos de personalidad, parte del análisis cultural de la sociedad y elementos que la integran, particularmente por los aspectos relacionados con el orden moral que están presentes en ella.

Spranger (1972, p. 102) consideraba que la cultura social mantenía un carácter supraindividual) que engloba los intereses colectivos, al respecto define la supraindividualidad como "un todo organizado internamente en conexiones de valor y eficacia, las cuales se hallan vinculadas de modo que, de unidad de acción, y por su parte pueden mantener relaciones teleológicas, en cuanto miembros, con un todo de eficacia superior, a saber, la cultura". Spranger, (1972) en Buxarrais y Villafranca (2011), esta aportación permite un acercamiento a la comprensión de la realidad contextual en cuanto al valor de los derechos supraindividuales, pues deja en claro que sobre los intereses individualidad prevalecen los colectivos.

Spranger (1972), es claro en claro en señalar que la personalidad (propone 6 tipos) de cada individuo se nutre de las normas sociales, mismas que dan forma y construyen sus propios esquemas, pero existe un elemento superior que rige la convivencia social, esta conduce a los individuos a emitir juicios de valor de acuerdo con sus referentes, generando con ello los tipos de personalidad existente en la sociedad, a continuación, se presentan dichas personalidades y su clasificación de valores.

Cuadro 4. Clasificación de los valores Spranger

Clasificación de valor	Valor principal de identificación	Valor principal de identificación
Científico o teorético	La lógica y el conocimiento comprobable	La objetividad, ante todo, como medio para alcanzar la comprensión del contexto y sus situaciones.
Económico	La posesión y acumulación	La utilidad y aplicación de los objetos como elemento de éxito social
Estético o Artístico	La apreciación de las formas, colores, el balance de los sonidos, etc.	La satisfacción de los sentidos
Social	El bien personal y social como prioridad	La empatía como elemento de integración social
Político	Los ideales, las convicciones	El poder, la autoridad como principal motivación de vida
Religioso	Fe, las creencias personales como elemento de vinculación espiritual	La concepción y convivencia espiritual

Fuente: Spranger (1972). Adaptación propia.

2.14.5. Clasificación de los valores de Allport, Gordon.

Gordon William Allport, psicólogo de profesión, se interesó particularmente por el análisis social y la personalidad humana, esta última fue conceptualizo como "la organización dinámica, dentro del individuo, de aquellos sistemas psicofísicos que determinan sus ajustes únicos al entorno" (Allport, 1937, p 236), los ajuste son concebidos a partir del establecimiento de valores necesarios para determinar lo particular y general de la sociedad y requiere para su bienestar.

El trabajo teórico de Allport (1937), se ubica dentro de la corriente humanista y cubre dentro de las corrientes psicológicas aspectos relacionados con la motivación y personalidad de los individuos con relación a las acusas que originan y motivan una conducta, pues no son un elemento asilado, más bien son producto de esquemas de carácter cognitivo que sirven para generar apreciaciones de una realidad.

En relación con la clasificación de los valores Allport, especifica que cada uno de ellos explican la forma de ser y actuar de los individuos, por su parte Osatinsky (2006) señala que los rasgos de la personalidad humana y los valores se construyen durante la vida del individuo a través de aprendizajes intencionales como la educación y la vida cultural de la sociedad.

Cuadro 5. Clasificación de los valores Allport

Valores	Descripción de valor
Económicos	Son los que se relacionan específicamente con los aspectos materiales y su aplicación en hechos de carácter práctico y útil
Estéticos	Son los que se relacionan íntimamente con las llamadas bellas artes, es decir las creaciones del hombre, en las cuales manifiesta conceptos, cosmovisiones traducidas en estética, combinación de colores, luz, sombra, etc.
Sociales	Son los que se relacionan con la necesidad de entablar contacto social con sus semejantes, lo que incluye la convivencia de su grupo primario y la construcción de su propia familia, etc.
Políticos	Se refieren particularmente a la búsqueda del poder social, con la intención de desarrollar una mejora colectiva. Igual puede señalarse que el fin de este valor es llegar a controlar a la población
Religiosos	Son los considerados como principios de orden moral que guían la conducta de individuos que practica determinadas creencias espirituales

Fuente: Allport (1937). Adaptación propia.

2.14.6. Clasificación de los valores de Rokeach, Milton.

Desde la óptica de la psicología, Rockeach (1973), señala que cada individuo construye su sistema de valores a partir del proceso de socialización que establece con otros semejantes. Dichos valores son de utilidad para resolver conflictos y para ello genera múltiples opciones o rutas, que denota un ejercicio cognitivo, capaz de definir la opción ideal de satisfacción e igualmente son convicciones que determinan la aceptabilidad de sus conductas según el marco normativo dictado por la sociedad, bajo esta perspectiva la premisa caducidad de los valores no puede ser estimada ya acompañan al hombre mismo por ser parte de sus convicciones de vida.

Cuadro 6. Clasificación de los valores Rokeach

Clasificación	Descripción	Elemento de referencia
Valores Terminales	Son las condiciones finales que desea alcanzar una persona durante su vida. Se les considera como básicos para el desarrollo pleno del individuo. Se les puede clasificar en colectivos e individuales.	Placer, respeto, felicidad, reciprocidad, amistad, satisfacción personal y profesional, seguridad personal y social, etc.
Valores Instrumentales	Son las formas de conducta socialmente aceptables que sirven como medio para alcanzar los valores terminales. Son de uso cotidiano y favorecen la toma de decisiones estratégicas para la resolución de un conflicto.	Honestidad, independencia, responsabilidad, lealtad, competente en términos de su vida personal, profesional, etc.

Fuente: Rokeach (1979). Adaptación propia.

2.14.7. Clasificación de los valores de Schwartz, Shalom H.

Schwartz, (1992) estudiosos de los valores y la cultura social, desarrollo la teoría de los "Valores Humanos Básicos", igualmente conocida como los valores universales de motivaciones y necesidades latentes, entre sus trabajos de psicología destaca "Universal in the content and structure of values: theoretical advances and empirical test in 20 countries", en ellos muestra la importancia de los valores y la forma en estos determinan la conducta humana y sus motivaciones sociales, dicho resultado a la postre proporcionaría elementos de análisis e interpretación de estudios interculturales que aun en nuestros días son utilizados como referentes teórico conceptuales.

La postura de Schwartz se deriva de la concepción sociopolítica desarrollada por Inglehart, quien sostenía la urgente necesidad de nuevos valores sociales, en virtud de las nuevas condiciones socioculturales derivadas de la posguerra y su alta incidencia en las formas de convivencia, relación, de comunicación y sentido de libertad de una nueva generación. Schwartz concibe los valores como una disposición individual que está más allá de condiciones de cada sujeto y sirven para orientar la conducta y acciones, de acuerdo con sus necesidades sociales, en tanto la cultura es entendida como la influencia social que estimula al individuo a buscar los elementos (socio grupales, espirituales, materiales o cognitivos) faltantes para cubrir sus carencias. Una característica en la posición teórica de Schwartz es la interpretación que hace de los valores (necesidades) al considerarlos como elementos multiorigen de tipo biológicos y tipo social.

Dentro de las necesidades sociales se encuentra la educación y sus múltiples formaciones específicamente en la educación superior, al respecto Schwartz (2006) señala que para alcanzar un proceso satisfactorio en la formación de una nueva generación, el papel del docente y sus formas de interacción son elementales para la continuación social, de tal forma que sus comportamientos y actitudes son básicas para la continuación y alcanzar el desarrollo de valores como el respecto, la igualdad, la tolerancia, la democracia social, etc. La anterior consideración sirvió para el desarrollo de cuatro dimensiones y diez valores considerados como universales, que a continuación se exponen.

Cuadro 7 Clasificación de los valores Schwartz

Valor motivacional de tipo primario	Valores representativos	Descripción
Autodirección	Libertad, creatividad, independencia, elección de objetivos personales, justicia, etc.	Explica la capacidad personal de decisión sobre la movilidad personal y elección de actividades
Estimulación	Vida emocionante, una vida plena	Son los incentivos que dirigen la conducta individual y colectiva
Hedonismo	Placer, disfrutar la vida	Se refiere a los valores que hacen divertida la vida
Logros	Ambición, el poder, influencia, exitoso, inteligente, respetado.	Se refiere al éxito personal alcanzado al término de un objetivo, que de acuerdo con la interpretación de la sociedad hace más competitivo a un individuo sobre otro(os).
Poder	Social, político, económico, autoridad, imagen pública, reconocimiento social.	Se refiere a los valores dirigidos a la obtención de autoridad, su ejercicio y conservación de autoridad sobre sus semejantes.
Seguridad	Seguridad racional, devolución de favores, seguridad familiar, sentido de pertenencia, orden social, salud, limpieza, educación, etc.	Se refiere a las condiciones de orden social que garantizan la integridad individual y colectiva.
Conformidad	Obediencia, autodisciplina, respeto a las personas mayores: padres, abuelos o cualquier persona de la tercera edad.	La capacidad de un individuo para autorregular su conducta y evitar acciones que afecten su integridad y la de los demás.
Tradiciones	Respeto por las tradiciones heredadas. Reconocimiento a las costumbres.	Conservación y promoción de prácticas culturales comunes de un grupo o comunidad.
Benevolencia	Responsabilidad, indulgente, honestidad, lealtad, etc.	Se refiere al bienestar colectivo
Universalismo	Comprensión, tolerancia, igualdad, cuidado del ambiente.	Alcanzar el máximo cuidad en todas las funciones sociales, con respeto a cada individuo

Fuente: Schwartz (1992). Adaptación propia

2.14.8. Clasificación de los valores de Trilla Bernet, J.

La propuesta generada por Trilla (1995), tiene como finalidad orientar la actividad docente frente a situaciones o conflictos sociales considerados complejos en su tratamiento frente al alumnado, sin que ello afecte la responsabilidad social e institucional derivada de su acción profesional, pero ¿cómo hacerlo? sin incluir las concepciones y valores propios del docente. Ante dicha encrucijada, Trilla (1995), sostiene que el cuerpo docente, enfrenta un serio problema y debe elegir, que posición debe tomar el docente: la Imparcialidad o el conflicto. La elección definirá, las acciones de su práctica y para ello estableció una serie de elementos de carácter normativo (valores) para guiar su práctica.

Cuadro 8. Clasificación de los valores de Trilla

Valores	Código	Se definen como	Referencias	Ejemplos
Compartidos	A	Consenso social (por lo deseable)	Universales Declarativos Principios	Verdad Belleza Bondad Derechos Democracia Igualdad Tolerancia Respeto Convivencia
No compartidos	B	Contradictorios con A (contravalores)	Principios	Racismo Autoritarismo Separatismo Celibato Virginidad Piedad
	C	No contradictorios con A, son producto de un consenso grupal	Principios	

Fuente: Trilla (1995). Adaptación propia

2.14.9. Clasificación de los valores de Gervilla Castillo, Enrique.

La clasificación desarrollada por Gervilla (2000) es actualmente una de las propuestas más difundida por dos razones, la primera de ellas es la sencillez y claridad con que clasifica los valores en cinco dimensiones y nueve subcategorías, lo cual le otorga la capacidad de analizar y considerar al individuo como un ser integral, capaz de alcanzar un desarrollo armónico en sus campos biológico, psicológico, social, intelectual y espiritual. La segunda razón es el carácter integrador de su visión que permite asimilar la comprensión de los elementos a estudiar o investigación, considerando que siempre existirá un antivalor paralelo al valor asignado originalmente.

Cuadro 9. Clasificación de Valores Gervilla

Dimensiones personales	Categorías de valores	Descripción de valores y antivalores
Cuerpo	Valores corporales	Son los relacionados con el estado ideal de salud corporal. El antivalor son los que afectan la salud corporal (enfermedades, falta de higiene, adicciones, etc.)
Razón	Valores intelectuales	Son las cualidades que un individuo posee para obtener conocimiento (lectura, análisis, comprensión, investigación. etc.) y aplicarlos en forma apropiada. El antivalor es la ausencia de elementos culturales básicos de expresión por motivos del analfabetismo.
Afecto	Valores afectivos	Son las expresiones emocionales deseable (bondad, amistad, benevolencia, etc.) su contraparte seria la ausencia de estos y generar afectación a los demás por tal razón.
Seguridad	Valores individuales/ liberadores	Son los que promueven el desarrollo integral del individuo (libertad de expresión, de religión, de educación, de autonomía, etc.); lo opuesto sería el antivalor pues limitaría el desarrollo.
	Valores estéticos	Son las conceptualizaciones ligadas a las bellas artes, como la apreciación, la conservación física de las obras, etc.
	Valores morales	Son los principios que guían la conducta de cada individuo y le sirven para definir lo que está bien o mal, la justicia y la injusticia, el amor y el odio, etc.
Apertura	Valores sociales	Son aquellas que norman las relaciones sociales en términos favorables con respeto integral a la individualidad. El antivalor seria la esclavitud, la violencia, el conflicto, etc.
	Valores instrumentales económicos	Son considerados como medios necesarios para la obtención de bienes de primera necesidad (comida, calzado, salud, educación, etc.). La carencia de estos propicia una reducción en los niveles de desarrollo social.
	Apertura	Son los principios éticos de carácter espiritual que acerca al hombre a la esfera espiritual, su ausencia es sinónimo de idolatría, paganismo y materialismo.

Fuente: Seijo (2009). Adaptación propia.

2.14.10. Clasificación de los valores de García y Dolan

García y Dolan (1979)., interesados en el desarrollo organizacional de las instituciones, enfocan su análisis sobre el desempeño realizado los individuos dentro de las instituciones, considerando para ello el sentido y dirección de sus actos y los valores que determinan la fuerza interior que motiva dichas actividades correspondientes a su función estructural, en términos de calidad. La aportación de dichos investigadores nos lleva a comprender que los valores poseen un carácter normativo, que igual poseen tanto el carácter individual como colectivo, pues facilitan la definición y reproducción de los organismos que constituyen la sociedad y su reproducción, para tal efecto clasifican los valores en tres dimensiones que a continuación se describen.

Cuadro 10. Clasificación valores de García y Dolan

Dimensiones	Definición
Valores Éticos	Son las guías que regulan la conducta del individuo en su contexto social
Valores Económicos	Son los referentes materiales que determinan la cuantía de un objeto en relación con la utilidad asignada por el hombre.
Valores Psicológicos	Son los principios que manifiestan y definen la conducta humana.

Fuente: García y Dolan (1979). Adaptación propia.

2.14.11. Clasificación de los valores de Hall & Tonna

Señalan en su clasificación la existencia de valores considerados como prioritarios en cada una de las etapas del desarrollo humano, desde su óptica los valores manifiestan la percepción individual, colectiva e institucional; para su comprensión se ubican en cuatro fases, subdivididas entre sí y construidas por más de 125 palabras que engloban los valores universales utilizando para ello un modelo integrador y evolutivo.

La representación utilizada por Hall & Tonna (1997) para ubicar los valores se conoce como Mapa de Valores. Dicho modelo es considerado un marco teórico que favorece la investigación de los valores desde una perspectiva descriptiva y no prescriptiva, lo que permite llevar a cabo un análisis de carácter global no reduccionista, es decir, el análisis e investigación de los valores y liderazgo de carácter organizacional, partiendo concretamente de situaciones presentes y no de expectativas (o lo que se espera que suceda). Dicha situación deja en claro que las acciones observables es lo único cuenta y puede explicar razonablemente a eventos conductuales relacionados con la interacción y competencias laborales, de esta forma los valores son la realidad que puede explicar las conductas individuales y colectivas.

Cuadro 11. Clasificación de valores Hall & Tonna

Fase 1 Sobrevivencia Preconvencional	Fase 2 Pertenencia Convencional	Fase 3 Auto iniciativa Post convencional	Fase 4 Interdependencia Ética y Moral global
El mundo es percibido por el individuo como un misterio	El mundo es un problema el cual el individuo debe enfrentar	El mundo es un proyecto en el cual el individuo, ha decidido participar	El mundo es un misterio que interesa al individuo, por tal razón debe hacerse cargo de él.
Elementos básicos: Supervivencia Seguridad	Elementos básicos: Familia Institución	Elementos básicos: Auto iniciativa Nuevo Orden	Elementos básicos: Sabiduría Orden mundial

Fuente: Lewis Shaw (1997). Adaptación propia.

2.14.12. Clasificación de los valores de Hernández.

Especialistas en psicología evolutiva, aportan al ámbito educativo español, un análisis sobre la conducta profesional y un planteamiento de carácter evaluativo sobre los valores, lo que generó una clasificación sobre los valores que y posteriormente serian (la evaluación y clasificación) incorporados al estudio de la acción socio-personal de adolescentes participantes en Programas de Instruccional-Emotivo para el crecimiento y la Autorrealización Personal y Aprendiendo a Realizarse (Aciego, Domínguez, Hernández (2003).

Cuadro 12. Clasificación de valores de Hernández

Nivel de valor	Valor	Descripción de valor
Nivel básico	**Valores de Satisfacción:** • Hedonismo • Aceptación • Aprecio • Egocentrismo	Sensación de placer y bienestar, después de haber alcanzado una solución frente a una necesidad personal o social
Segundo nivel	**Valores de Adaptación:** • Autonomía • Autocontrol • Efectividad	Sensación personal por haber alcanzado l autonomía para realizar una acción o independencia de un elemento negativo. Poseer el autocontrol de las emociones frente a condiciones adversas.
Tercer nivel	**Valores de Realización**	Sensación de tener la capacidad de afrontar y resolver múltiples retos. Dicha condición de plenitud igual habla del equilibrio personal alcanzado

Fuente: Aciego, Domínguez, Hernández (2003). Adaptación propia.

2.14.13. Clasificación de los valores de Méndez

José María Méndez (2001), partidario de una conceptualización objetiva y análisis axiológico del aspecto conductual, considera los aportes respectivos de Max Scheler y Nicolai Hartmann. Del primero retoma la percepción que los valores ocupan en un plano vertical, es decir a mayor altura, mayor apreciación social (honorabilidad, nobleza). En tanto de Nicolai Hartmann, estima la fuerza como elemento principal cercana a un plano horizontal, definiendo dicho atributo como la capacidad de haber sido desarrollados en sentido opuesto (a la nobleza).

De la unificación de ambos criterios, Méndez (2001), construye una nueva clasificación de cuatro valores en sentido opuesto, para ello señala que aquellos valores más cercanos a al plano vertical serán los que más demandados en su práctica social. Los primeros valores se refieren a las concepciones (religiosas y espirituales), que son independientes del hombre y por su naturaleza se refiere al más alto nivel espiritual: lo divino. Por su parte los valores relativos se ubican en el nivel básico de la naturaleza humana y están limitados aplicación de ellos realice el hombre en su beneficio y del resto de la sociedad.

Cuadro 13.Clasificación de valores de Méndez

Categoría de valor	Descripción
Religiosos	Son los que consideran que todo lo santo y espiritual sirve para acercar al hombre a lo divino.
Espirituales	Están ligados con la reflexión de carácter ético, pues en la búsqueda de lo bueno, propician una relación con Dios.
Virtuales	Son los que por creencia y practica llegan a ser posibles de alcanzar, lograr, por ejemplo, ayudar a los demás, tratar bien, responder de forma cortes.
Útiles	Son los considerados como básicos y sirven para distinguir objetos o situaciones que por su utilidad y sensación se genera en la percepción.

Fuente Méndez (2001), Adaptación propia.

2.15. Descripción y análisis de la literatura especializada sobre las experiencias y conceptualizaciones axiológicas de la práctica docente en América Latina (casos de investigación).

El objetivo del presente apartado es exponer una muestra de la evidencia encontrada durante el análisis de trabajos desarrollados en la educación superior, durante los últimos 10 años, donde quedan al descubierto los valores desarrollados durante la práctica profesional docente; para tal efecto se consideran como prioritarios los estudios e investigaciones relacionados con dicho nivel.

Caso de investigación 1.

El sustento analítico del cual parten los autores de la investigación La importancia de formar en valores en la educación superior (2008, p. 2), parte de la reflexión que hace Rivolta -citado - sobre el sistema educativo venezolano quien "olvido o soslayo por incapacidad, su misión más importante como es sentar los principios para lograr una auténtica educación para la libertad, la democracia, para la familia, buscar la trascendencia social". A fin de recuperar la mística de servicio, estudiosos del tema como Rivolta y de Viana, consideran que las instituciones de educación superior y específicamente las del sector salud, deben transmitir y desarrollar la interiorización de valores que eleven a nivel personal y profesional, la responsabilidad, el desarrollo social, el principio de autonomía y el trabajo colaborativo, para ello es necesario la revalorización del trabajo docente de cara a la formación en valores, es la aportación histórica ofrecida por los autores, como alternativa para la vida universitaria y social del país

En el año 2004 cuando se inicia el proyecto Tuning para América Latina, con la intención primero de enriquecer el proceso enseñanza aprendizaje y encaminar la formación estudiantil hacia el modelo por competencias –el punto referencial de inicio fueron las 30 competencias genéricas identificadas en Europa- en el caso particular se identificaron 27 competencias y en segundo lugar modernizar los procesos curriculares, considerando este marco contextual la promoción y capacitación profesional orientada al fortalecimiento de las competencias ética encuentra sentido dentro del campo de la educación y salud, como es en particular este caso.

La base teórica que sustenta este trabajo ubica los primeros estudios sobre las competencias en 1870 dentro del campo laboral, un siglo después, durante la década de 1970 del siglo pasado, aparecen estudios con criterios científicos por McClelland, Mertens, que intentan explicar la eficacia de la práctica profesional. El segundo escalón teórico consultado está representado por Boyatzis, Spencer y Spencer, Woodruffe, De Ansurena Cao, quienes rompen con la interpretación simplista de considerar a las competencias como productos derivados de factores y actos aislados. El tercer acercamiento teórico se relaciona con la visión "personológica" de Rodríguez Moreno, LeBotref, Rodríguez González, Donoso y Rodríguez Moreno, quienes plantean las competencias como una integración de las cualidades funcionales de la personalidad que posee un individuo al ejecutar una actividad profesional con calidad.

Se trabajó con una población total de 95 participantes, divididos en dos grupos, el primero fue constituido por 80 docentes y egresados de la Universidad Autónoma J.M. Saracho –Bolivia-, el segundo grupo se integró por 15 docentes alumnos inscritos en la Maestría en Ciencias de la Educación, perteneciente al Centro de Estudios para el perfeccionamiento de la Educación Superior –Universidad de la Habana-.

El trabajo de análisis sobre las competencias se realizó en dos tiempos, con la intención de conocer en términos individuales la valoración y percepción –alto, medio, bajo- otorgada a cada competencia genérica, relacionada con los principios axiológicos y en pequeños grupos para alcanzar una apreciación común sobre dichas competencias.

Los resultados obtenidos mostraron que los dos grupos concuerdan en señalar que las competencias más altas son las relacionadas con el aprendizaje, muy posiblemente por su amplia relación con las responsabilidades sociales, le siguieron dicho orden las competencias vinculadas a las relaciones interpersonales y trabajo grupal, competencias relativas a la autonomía y desarrollo personal, y en último lugar las competencias relacionadas con los valores. Los valores resultantes sobre esta agrupación destacan la responsabilidad social y compromiso ciudadano, compromiso ético, compromiso con la calidad, valoración y respeto por la diversidad y multiculturalidad, compromiso con la preservación del medio ambiente.

Las consideraciones resultantes del trabajo analizado llevan a concluir que una parte fundamental en el desarrollo y formación de la planta docente debe estar vinculada a la capacitación y promoción de saberes de orden axiológico, considerando su papel de formador social.

Caso de investigación 2

Cuando se habla de educación y el papel que juega el docente con respecto a su interacción con el alumnado, es importante identificar cuáles son los valores que están presentes y la forma en que son transmitidos, para conocer la formación que ellos reciben –los alumnos- así como su impacto social.

Durante el año 2103, Natacha Febres, hace público el trabajo titulado "Valores en el docente universitario: una exigencia en la actualidad", el cual se desarrolló en la Facultad de Ingeniería de la Universidad de Carabobo. El objetivo de dicho trabajo fue descubrir el papel que los valores morales y humanos representan dentro de la formación universitaria.

La base teórica empleada fue la clasificación de valores humanos propuesta por García y Dolan (1997), quienes se interesan por el desarrollo organizacional de tipo institucional, que enfocan su atención en el desempeño y logro de tareas asignadas, permitiendo con ello determina los niveles de calidad alcanzados en dichas encomiendas y señalar los niveles de motivación presentes en la conducta del individuo, lo que favorece la definición, explicación e interacción social.

El tratamiento metodológico utilizado para la investigación fue cualitativo de corte etnográfico, considerando para ello como sujetos de estudio a los alumnos del tercer semestre. El instrumento empleado para la obtención de información fue un cuestionario semiestructurado, que permitió identificar los valores de carácter personal que se desarrollan en la vida profesional y el contexto social inmediato. La interpretación y categorización de resultados permitieron la identificación de entre 11 y 88 valores – fueron obtenidos por frecuencia -, los más destacados y aportados por los mismos participantes. Los 11 valores fueron distribuidos en cuatro categorías quedando conformado de la siguiente manera

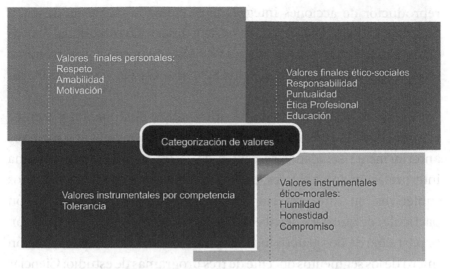

Figura 2. Categorización de valores. Fuente Febres (2013)

La autora concluye proponiendo una estrategia basada en la promoción de los valores representados (obtenidos), como medio para mejorar la práctica docente y los aspectos axiológicos derivados de la misma, a fin de superar estancamientos de carácter profesionales, igualmente reflexiona sobre la necesidad de una actualización curricular de su universidad en general.

Caso de investigación 3

Durante el año 2014 los investigadores Prieto, Zambrano y Rincón, catedráticas de la Universidad de Zulia (Venezuela), presentaron a la opinión publican la investigación Principios éticos y valores en la formación del docente universitario, en la cual detallan los principios éticos y la importancia que representa la educación en valores como parte de la formación y capacitación que todo docente universitario debe poseer a fin de alcanzar niveles altos en su práctica profesional, considerados estos como los objetivos de la investigación.

La justificación social en que sustenta su investigación es válida en consideración a la importancia que representa actualmente la imagen del docente universitario como agente de cambio y reproductor de acciones integras para evitar la fuerte tendencia a violentar los principios de convivencia y desarrollo profesional con las obligaciones inherentes a cada una de ellas. Se tomó como referente teórico la propuesta humanista de Salvador García y Shimon Dolan (2008) sobre los valores.

La metodología utilizada fue un análisis documental y técnica cualitativa de la misma, la justificación para emplear los recursos anteriormente señalados se centró en la intención de realizar una interpretación de los valores, pues al ser considerados como conceptos subjetivos, su interpretación se torna complicada por la visión particular de quien los percibe. A fin de complementar la investigación se participó de dos grupos focales que sirvieran como representación micro de los segmentos docente de tres programas de estudio: Ciencias Económicas y Sociales, Ingeniería, Humanidades y Educación. (20) y alumnos (75) de los mismos programas. Los resultados obtenidos después del análisis comparativo de diez documentos sobre los valores éticos-morales que deben ser considerados en la formación de los docentes universitarios fueron los siguientes: Álvarez: educación relacionada con la formación académica óptima. Desarrollo de su propia identidad. Autodesarrollo moral y profesional. Cobo: Conocimiento sustantivo. Razonamiento moral. Desarrollar juicios de valor propios y actuar de acuerdo con ellos. Disposición al diálogo con otros. Escontrela y San Eugenio: Autonomía moral, valores profesionales, valores culturales, responsabilidad, respeto a los derechos humanos. Hortal: Principio de beneficencia: hacer el bien en su profesión. Principio de autonomía: respeto a los derechos humanos, responsabilidad, abierto al diálogo. Principio de justicia actuar en el marco de sus competencias. Manjón: Principios éticos-morales: prudencia, justicia, respeto responsabilidad, ética profesional, uso de la racionalidad, puntualidad y tolerancia. Yegres: Ética profesional: responsabilidad, honestidad, justicia, ética pedagógica. González: Justicia, responsabilidad, respeto, ética profesional, humildad, solidaridad. De la Cruz: Valores ético-morales: responsabilidad, solidaridad, justicia respeto, ética de la educación superior, ética de las profesiones. Hansen: Código deontológico: código de ética, valores, normas de conducta y comportamientos, principios de beneficencia, principios de autonomía y principios de justicia. Martínez, Buxarrais y Esteban: Principios de verdad, libertad y justicia, responsabilidad, virtudes propias, ética profesional, solidaridad, respeto. El consenso resultante del análisis entre los autores analizados, ubican en orden de importancia, para los docentes participantes como valores principales a considerar dentro de la formación docente universitaria a los valores ético-morales, seguidos de la responsabilidad, respeto, comportamiento moral, ética profesional, justicia y solidaridad. En relación con las respuestas obtenidas por medio de las entrevistas a docentes y estudiantes muestran una diferencia relacionada con la percepción sobre los valores que deberían ser incorporados a los programas de formación profesional: los valores ético-morales, responsabilidad, respeto y respeto por los derechos humanos, comportamiento moral, ética profesional, justicia, solidaridad, diálogo, educación y libertad.

Caso de investigación 4

Palomer y López (2016), conscientes de la importancia que los valores representan para la vida profesional, desarrollan una investigación la cual titularon: La medición de los valores éticos y morales enseñados en la carrera de Odontología de la Pontificia Universidad Católica de Chile, desde la apreciación docente. La responsabilidad social de la universidad, como se ha señalado en múltiples foros de análisis, no se limita al trabajo inter-aula, más bien es fuera de ella, donde realmente se conoce y evalúa si la formación profesional de los responsables de guiar el proceso educativo es efectiva, lo que lleva a identificar principalmente que aspectos y principios lo construyen. Con dicho objetivo trabajaron el tratamiento metodológico utilizado para tal efecto fue de carácter cuantitativo y descriptivo, condición que facilito la identificación y pertinencia entre la formación de valores señalados en los documentos curriculares, códigos de odontológicos propios de la profesión en cuestión y aquellos que son practicados por los docentes durante las sesiones diarias.

Se empleó una encuesta estructurada misma que se aplicó a una muestra de 68 docentes, de los cuales 46 respondieron reconocer en sus respuestas trece valores: respeto por las personas, justicia, bondad, lealtad, compasión, integridad, honestidad, empatía, caridad, veracidad, solidaridad, responsabilidad y respeto por el medio ambiente. Los autores concluyeron que, en base a la información obtenida, destacan los valores de justicia y respeto por las personas, en tanto que los menos apreciados fueros el respeto por el medio ambiente y la responsabilidad.

Caso de investigación 5

Teniendo como contexto general el Estado de Guanajuato y particularmente nueve municipios rurales con altos índices de marginación y pobreza de las regiones norte y noroeste, Kepowicz (2007), desarrolla una investigación titulada "Valores profesionales: valores de los docentes y valor de la docencia", con la finalidad de alcanzar tres objetivos: identificar que valores y conciencia ética están presentes en los docentes de educación básica -preescolar, primaria y secundaria- así como el desarrollo de su práctica profesional en los municipios arriba señalados, identificación del reconocimiento social -entendido como los discursos generados a partir de la interacción social del individuo –docente – y profesión docente en un contexto de marginación; e identificación de elementos que intervienen de forma significativa en las comunidades de aprendizaje.

Para obtener la información requerida y su posterior análisis se aplicó una encuesta mixta conformada por siete preguntas abiertas que buscan la definición de profesión docente, incluida la vocación elección y principios éticos del grupo profesional, y cinco preguntas con escala de análisis para identificar las creencias más personales y su relación con el reconocimiento profesional docente por parte de las políticas educativas. Los resultados obtenidos relacionados con los valores fundamentales muestran una sincronía general entre los docentes sin hacer diferencia entre nivel educativo, en orden de importancia estos quedaron de la siguiente manera: la responsabilidad asociada al compromiso, dedicación al cumplimiento, el respeto, igualdad y equidad, honestidad, tolerancia, paciencia y prudencia. Es importante señalara que los docentes de primaria agregan la justicia como un valor básico y los de secundaria agrega por su parte la solidaridad, compañerismo, disciplina, lealtad y capacitación constante. Igualmente, este trabajo deja de manifiesto que la señalización de los valores docentes es básica en la conformación de una mejor sociedad a través de una buena práctica profesional. (Kepowicz, 2007)

Caso de investigación 6

Considerando las bases del modelo educativo de la Universidad Iberoamericana de Puebla y su carácter histórico de origen Jesuita –la UIP, es parte del Sistema Universitario Jesuita, quien a su vez está afiliado a la Asociación de Universidades Jesuitas de América Latina-, comprometida con la responsabilidad social, de formar profesionista con principios éticos. Un grupo de investigadores encabezado por López Calva (2009) desarrollo el trabajo de investigación titulado "Competencias y rasgos de la ética profesional en los posgrados de la Universidad Iberoamericana-Puebla", con el objetivo de mostrar avances existentes en los posgrados de pertenecientes a dicha institución y como se relacionan con las competencias y rasgos de la ética profesional que están presentes tanto en alumnos como docentes de dicho nivel académico.

Las aportaciones de dicha investigación se suman a las desarrolladas por 15 universidades nacionales participantes del Proyecto Interuniversitario sobre Ética, que encabeza Ana Hirsch Adler, miembro del IISUE-UNAM, la confrontación de resultados obtenidos por cada equipo permiten determinar la existencia de diversos planteamientos institucionales relacionados con promoción y formación de principios éticos en los posgrados.

La base teórica de la investigación fue tomada de las aportaciones generadas por Hirsch y Hortal. La metodología utilizada para guiar el trabajo fue a través de una escala de actitudes sobre ética profesional, y aplicada a 141 docentes inscritos en posgrados de la misma universidad y 31 profesores. Las respuestas obtenidas fueron agrupadas en cinco competencias cognitiva, técnica, social, ética y afectivo-emocionales. Los alumnos consideraron las competencias éticas como las más importantes con un 31.82%, entre las que se incluyen los valores de responsabilidad, honestidad, compromiso, coherencia, tolerante, respetuoso, justicia y humildad. Por su parte los docentes consideran al igual que los alumnos docentes, las competencias éticas las más importantes con un 32%, los valores ponderados en tal caso fueron ser ético, comprometido, responsable, honesto y congruente, tolerante y respetuoso y consiente.

Caso de investigación 7

Durante el año 2010, Amaro, Velazco y Espinoza, docentes de la Universidad Autónoma de Tamaulipas, presentaron un trabajo titulado "Valores esenciales que debe impulsarse en la UAT. La opinión de profesores de posgrado", dicho investigación mostro una fracción de resultados del proyecto "Ética Profesional en el posgrado de la UAT", y que a vez formaba parte del "Proyecto Interuniversitario sobre Ética Profesional en el Posgrado", la coordinación de este último proyecto corrió a cargo de la investigadora Dra. Ana Hirsch Adler, miembro del Instituto de investigaciones sobre la Universidad y la Educación (IISUE) de la UNAM.

Amaro y sus colaboradores dejan ver en su análisis que la formación en valores profesionales son un reto en términos de promoción y competencias profesionales, citando para ello a referentes teóricos como Bolívar (2005) e Ibarra (2007), quienes consideran a la universidad como una institución de carácter y responsabilidad social, que no puede abstraerse de dicho compromiso y para ello deberá generar acciones de actualización docente y contenidos programáticos ligados a programas de calidad con evaluación externa –según políticas nacionales de la SEP y CONACYT.

El trabajo metodológico contemplo la aplicación de un cuestionario escala a 110 profesores de posgrado, representados por 73 (66.4%) hombres y 37 (33.6%) mujeres, pertenecientes a 13 Unidades Académicas, de la Universidad Autónoma de Tamaulipas, a principios del 2007, dicho instrumento fue desarrollado por la Dra. Hirsch, dentro del Proyecto Interuniversitario sobre Ética Profesional en el Posgrado, la estructura del instrumento antes señalado lo componen por dos preguntas y cuatro rubros específicos, el primero relacionado con datos generales, el segundo rastrea los cinco rasgos más representativos que caracterizan a "un buen profesional", el tercer rubro se forma a partir de una escala actitudinal sobre ética profesional y 55 proposiciones referenciadas con 16 rasgos y cuatro dimensiones –competencias- que todo buen profesional debe tener, siendo estas competencias cognitivas y técnicas, competencias sociales, competencias éticas y competencias afectivo-emocionales.

En la sección final del mismo instrumento se indaga sobre la importancia de la formación ética, los cinco valores básicos que deben promoverse entre alumnos y maestros y por último conocer la opinión sobre presencia de una asignatura de ética profesional en los planes de estudio.

En relación con la primera pregunta ¿Cuáles son los valores básicos que la universidad debería promover en sus estudiantes y el profesorado?, las respuestas ubican con más del 50 % como valores principales la honestidad, responsabilidad, actuar con principios morales, respeto y capacidad emocional; para la segunda pregunta ¿Cuáles son los valores básicos que la universidad debería promover en el profesorado? las preferencias se dividen en orden de importancia con la honestidad como primera opción y posteriormente la responsabilidad, actuar con principios morales y en última posición el respeto.

Caso de investigación 8

Serna y Rodríguez (2011), investigadoras de la Universidad Autónoma, de Baja California, dan a conocer la investigación titulada "Valores y Competencias para el ejercicio de la docencia de Posgrado", mismo que fue desarrollaron en siete áreas de conocimiento (ciencias agropecuarias, ciencias de la educación y humanidades, ciencias de la ingeniería y la tecnología, ciencias de la salud, ciencias económico administrativas, ciencias naturales y exactas, y ciencias sociales), con el objetivo de identificar, así como jerarquizar los valores y competencias más importantes que los docentes de posgrado generan durante su práctica profesional.

El tratamiento metodológico utilizado para tal efecto fue de corte descriptivo con apoyo de técnicas cualitativas y cualitativas, por su parte la recolección de datos se realizó a través de un cuestionario (distribuido vía correo electrónico) mismo que fue aplicado a una muestra de 135 docentes, de un universo de 359 (durante el año 2008). El resultado final de dicha investigación enlista catorce valores como los más destacados en las buenas prácticas de un docente universitario, estos son: valor, integridad, profesionalismo, respeto, competente en la materia, solidaridad, constancia, diálogo, positivo, vocación a la profesión, congruencia, demócrata, colaboración, humildad y prudencia.

Caso de investigación 9

Boroel y Aramburo (2016) exponen en su trabajo "El posicionamiento del docente ante la formación en valores en la educación superior", la percepción de los docentes en las áreas de ciencias sociales (Derecho), educación y humanidades (Ciencias de la Educación y Psicología), ciencias económicas y administrativas (Contabilidad y Administración de Empresas) de la Universidad Autónoma de Baja California.

El eje central del cual parte la investigación, es considerar a la ética como base para la comprensión de las acciones humanas y los alcances de ellas se deriven en términos individuales, colectivos, coloquiales y profesionales, para ello recurren a los aportes teóricos de corte filosóficos desarrollados por Cortina (2000), los fundamentos de la filosofía práctica de Habermas (1990), la ética profesional y la construcción de los valores como marco orientador de toda acción de responsabilidad social de Schwartz (1987), Oser (1994), Aguirre y Lavinge (2004), los aportes de Escámez (1991) sobre los valores como elementos predictivos de la conducta, y finalmente las base de la ética profesional García-López (2000) de LLanes (2001), Berumen (2001), Hirsch (2002,2003), Hortal y Hirsch (2006).

A fin alcanzar identificar la percepción docente en relación con la formación de los valores y el rol desempeñado durante el proceso enseñanza aprendizaje, se construyó una investigación cualitativa de corte fenomenológico-descriptivo y para la obtención de datos se empleó el muestreo de casos basados en dos cuestionamientos: ¿Cuáles son los valores profesionales que se contemplan en la formación académica de los estudiantes universitarios? y ¿Cuáles son las estrategias pedagógicas que utilizan (los docentes) para incidir en la formación de valores?. Los resultados obtenidos se agruparon en las áreas de formación académica universitaria y la promoción de los valores desde la práctica docente, es importante señalar que por la naturaleza única de cada área se generaron distintas categorías y resultados diferentes, en relación con los valores profesionales en la formación universitaria, los valores sobresalientes fueron: responsabilidad, perseverancia, respeto, amistad, solidaridad, honestidad, compromiso; en tanto que para los valores profesionales promovidos desde la práctica docente, sobresalen: la justicia, tolerancia, responsabilidad, amor y el compromiso.

Caso de investigación 10

Continuando con el interés por conocer las percepciones docentes en la vida universitaria, Sáenz y Malpica (2017) llevaron a cabo el estudio titulado "Competencia ética y valores profesionales en los posgrados de la Universidad Veracruzana", con la finalidad de examinar "la dimensión ético-axiológica de los posgrados en la Universidad Veracruzana".

El soporte teórico empleado se ubica dentro del contexto humanista, dicha perspectiva en su análisis sobre la conducta y principios rectores de la convivencia humana considera como requisito obligatorio el aspecto ontológico del ser –hombre en sus distintas esferas existenciales, particularmente en este caso la profesión docente: sus competencias y formación profesional- ya que precisamente este, construye y da forma a la estructura ético moral de un profesionista. El trabajo en cuestión cobra valor relevancia ya que forma parte del proyecto de investigación interuniversitario -de carácter nacional- sobre ética profesional, donde trabajan 14 universidades, bajo la coordinación de Ana Hirsh Adler del Instituto de Investigaciones sobre la Universidad y la Educación –IISUE-UNAM-. La investigación toma como referencia exclusivamente los posgrados –6 programas de Maestría y 3 programas de Doctorado- del Área Académica de Humanidades, localizados dentro del campus Xalapa. Se trabajó con una muestra de 32 alumnos –docentes- de un universo conformado por 96 docentes.

Para la obtención de datos se aplicaron dos instrumentos –creados por integrantes del IISUE-UNAM, a partir de la escala desarrollada en la Universidad de Valencia, España por Escámez y García. El primero fue un cuestionario, dirigido tanto a estudiantes como docentes, formado por 4 preguntas y orientado en la búsqueda de rasgos de valor y ética profesional, el segundo instrumento fue una escala de valores - constituida por 55 afirmaciones. Los docentes de posgrado, en sus respuestas manifiestan que la Universidad Veracruzana, debería promover como valores principales en los alumnos la honestidad (50%), responsabilidad (44%), respeto (38%), compromiso y profesionalismo; en tanto que a los valores a promover entre docentes fueron honestidad (53%), responsabilidad (38%), respeto (38%), compromiso y profesionalismo. La existencia de una relación entre respuestas queda de manifiesto con respecto a los tres primeros valores, seguramente por la perspectiva con que cada uno ha desarrollado su propia dimensión ética y actividad términos

sociales, en lo que corresponde a los dos últimos valores, se espera
que el compromiso e integridad sea un valor entendido por la planta
docente y objetivo del alumnado durante su formación.

2.15.1. Evidencias axiológicas encontrada en casos de investigación

Las evidencias encontradas durante la consulta, revisión y análisis
de la literatura especializada, muestran el interés existente por un
nutrido grupo de investigadores e instituciones de educación superior,
así como organismos internacionales enfocados en el desarrollo social
y humano Si bien es cierto que cada trabajo es único por los objetivos
que persigue y el tratamiento teórico-metodológico con que abordan
el tema axiológico, los resultados muestran una gran similitud en las
conclusiones alcanzadas por cada uno de los trabajos, predominando
como primer valor la responsabilidad, posteriormente se ubican el
respeto (a los derechos humanos y los principios ecológicos), diálogo,
compromiso, honestidad, humildad, competencia profesional y
capacidad emocional.

Sobre la responsabilidad como valor

En relación con el principal valor denominado responsabilidad,
se refiere al cumplimiento del deber derivado del compromiso de
un docente, en este caso de carácter laboral especifico como es la
asistencia a clase, preparación de clase, cumplimiento de acciones
programadas que se relacionan con la formación integral del
estudiante, recurriendo para ello a los medios físicos y tecnológicos
a su alcance, sean proporcionados por la institución o no. Dentro
del contexto democrático la responsabilidad está relacionada con la
rendición de cuentas que todo servidor público debe presentar, como
un medio para evaluar y mejorar sus acciones.

Sobre el respeto como valor

La selección del respeto como segundo valor, muestra una relación con la tendencia social de carácter mundial que demanda el respeto general por los derechos humanos y equidad social como medio para alcanzar la sana convivencia grupos. El buen trato es un valor moral que caracteriza al hombre interesado en una interacción social saludable e integradora. La perspectiva ética de los derechos humanos tiene como principio el respeto y reconocimiento a la dignidad de las personas en defensa de todas las condiciones que mejoren su condición social y formativa cultural.

En el aspecto educativo el respeto como elemento básico de la convivencia social es fundamental en la impartición de cátedra, pues propicia la confianza para interactuar de forma correcta docentes y alumnos a través de comunicación cargada de términos y expresiones claras.

Sobre el diálogo y el compromiso como valores

El diálogo y el compromiso, se menciona como valores principales. De la generación y desarrollo del primero, se sustentan la claridad de puntos de vista, contenidos y definen acciones para trabajar, una característica deseable que identifica a los buenos docentes en el ámbito universitario, como es el cumplimiento de acuerdos en tiempo y forma, pues con ello demuestra el dominio de la planeación y reconocimiento al esfuerzo de trabajo tanto de compañeros como alumnos. Igualmente se manifiesta en los resultados alcanzados durante la intención docente de un compromiso por impulsar y promover la formación de valores entre el alumnado universitario.

Sobre la honestidad y humildad como valores

La honestidad y humildad en todas sus formas son vistos como un valor humano altamente apreciado como lo demuestran las opiniones de los docentes que participaron en los casos de investigación; al hablar de dichos valores y la intención de promoverlos a través de conocimientos y actividades colegiadas, es hablar de un interés por cuidar y conservar la verdad como principio de convivencia profesional y social. La humildad es vista como un atributo que se relaciona con la modestia, en el caso de la formación en valores universitarios se refiere específicamente a mostrar por parte de los docentes su lado humano, tratando con dignidad a quienes lo rodean, es decir sin manifestar actos de superioridad por su posición o nivel de conocimientos que posee, dicha actitud de respeto no le hace perder autoridad.

Sobre las competencias profesionales y la capacidad emocional como valores

Los resultados evidencian el interés existente dentro de las instituciones de educación superior, al igual que Organismos internacionales como la BID y OCDE, por formar y capacitar en términos de conocimientos generales, específicos y principios socioemocionales al personal docente y alumnado, pues consideran que dichas condiciones favorecerían los niveles de calidad.

Sobre las competencias profesionales (cognitivas, técnicas, metodológicas, sociales, éticas y participativas)

Hirsch (2010), señala que estas conceptualizadas son un conjunto de conocimientos y actitudes que llevados a la práctica favorecen el desempeño laboral dentro de cualquier profesión, en el caso del ámbito docente se considera que, a mayor capacidad profesional, mayores serán las competencias que domine un docente, con lo cual favorecerá la transmisión de contenidos, así como su aprendizaje.

Sobre la capacidad emocional o también llamada competencia emocional, señalada como un gran valor en las investigaciones de casos axiológicos, se refiere a la capacidad que posee una persona para actuar con conciencia de sus actos, manteniendo el control en todo momento, dicho valor expresado de esta manera se convierte en factor clave de todo profesionista para establecer interacciones saludables basadas en valores sociales de bien común. En el actual contexto de respeto por los derechos humanos, la inteligencia emocional pasa a ser un elemento básico, al respecto Ruiz (2006), considera por el papel estratégico que desarrollan para la sociedad, los docentes universitario deben poseer como una de sus competencias profesionales, un alto nivel de conciencia, sustentado en juicios equilibrados, a fin de respetar las diferentes opiniones y posturas vertidas dentro del salón de clase y espacios académicos, situación está que garantizaría un ambiente sano y democrático.

CAPÍTULO III

MARCO METODOLOGICO

Los capítulos previos han servido como referente para exponer tanto las bases históricas como teóricas sobre el origen de los valores, la axiología, la ética y marcar la diferencia entre ética y moral. El abordaje teórico consultado y expuesto, permite identificar el desarrollado en distintas disciplinas el estudio de los aspectos axiológicos.

Los resultados derivados de las experiencias de investigación en educación superior consultadas permiten conocer e identificar la necesidad de estudiar los valores como base de una preparación ética para la vida profesional, lo cual lleva a plantear igualmente una urgente actualización de contenidos programáticos que favorezcan y eleven la formación humanista por igual de docentes y alumnos.

Encontrar la forma de estudiar los valores y su relación con los campos de desarrollo individual y de un grupo profesional como el docente es importante, pero investigarlo en su relación con los aspectos axiológicos, representa una mayor exigencia. Adler (2012), señala que dicha actividad demanda la puntuación detallada de actividades con un tratamiento científico.

En el caso particular de la presente investigación y afín de alcanzar los objetivos propuestos mediante respuestas sustentadas en evidencias, se procedió a marcar la ruta metodológica que serviría para tal efecto, para ello se determinó la población objetivo de la investigación y muestra a consultar, instrumento para recogida de datos y medios técnicos para la captura de datos, análisis y representaciones tanto estadísticas como gráficas y posteriormente la interpretación de resultados; cada etapa y su desarrollo están presentes para consulta.

3.1. Marco metodológico

La intención del presente trabajo de investigación ha presentado desde su inicio una visión histórica y teórica sobre la temática axiológica vinculada a la práctica docente del nivel superior y su responsabilidad social, pues a través de ella se transmiten además de conocimientos formas de comunicación y principios básicos de convivencia, por lo tanto, el interés en dicha temática no es un asunto aislado o temporal. La importancia de la temática axiológica en el ámbito de la profesión docente del nivel superior es básica en función de su responsabilidad y las expectativas que genera es materia de reflexión por gobiernos y organismos especializados, pues a través de ella se transmiten los principios de conocimiento que generan desarrollo social.

En la búsqueda de respuestas a las preguntas base de investigación se generó la prioridad de identificar, señalar y explicar la forma de trabajo que orientara los pasos de la investigación a fin de alcanzar objetivos y propuestas de solución a la problemática anteriormente identificada, para tal efecto se desarrollaron los siguientes pasos.

Se considera un estudio de percepción sobre los aspectos axiológicos de la práctica docentes. La investigación es de naturaleza cuantitativa, con carácter descriptivo explicativo, con diseño transversal. El carácter descriptivo del presente estudio tiene la intención de construir una interpretación del accionar ético profesional. A partir del cual se constituyen interpretaciones del elemento estudiado, el cual no tiene otra fuente más que las características contextuales, socioculturales, temporales y espaciales del escenario donde se protagonizan las acciones del estudio.

3.2. Población y muestra.

La Secretaría Técnica, de la actual Administración Institucional para el periodo 2018-2022, es la fuente que proporciono los datos que facilitaron conocer la población docente que forma la plantilla profesional de la UAMCEH durante 2018-3, la cual al momento antes señalado estaba conformada por: 60 (50.84 %) profesores de tiempo completo (PTC), 42 (39.59 %) profesores de horario libre (PTC) y 16 (13.55 %) profesores por contrato (PPC), (existen casos de PTC y PHL que desarrollan funciones administrativas o acciones tutoriales, además de que imparten clase frente a grupo.

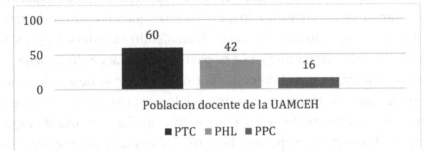

Gráfico 1 *Distribución de la población docente de la UAMCEH.*
Fuente: Secretaria Técnica de la UAMCEH.

3.2.1. Muestra.

Se acaparó el total de la población de la planta docente de 118 profesores, de los cuales 76 aceptaron contestar el instrumento, 68 regresaron los instrumentos contestados, 8 de estos incompletos, 42 profesores no aceptaron participar, por lo que solo el 57.62% de maestros participó. Por este motivo la muestra es no probabilística por la factibilidad de haber accedido a toda la población; la negación a participar fue causa para que al final los instrumentos aplicados disminuyeran en sus análisis.

Considerando que la población de estudio se encuentra focalizada en la UAMCEH y no existe mayor problema para ser contactada, en un primer momento se pensó en encuestar al total de la plantilla docente, finalmente se decide exclusivamente por quienes impartieran clase frente a grupo durante el periodo académico 2018-3 (otoño-invierno), por tal razón y en función de ser esta investigación un trabajo con predominio cualitativo, la definición de los encuestados se realizó mediante el método de muestreo no probabilístico por conveniencia. A fin de considerar sus respuestas como válidas para esta investigación, la selección de los participantes se realizó bajo los sustentos metodológicos propuestos por Boddy (2016), un especialista en tratamiento metodológico e investigación, señala que los individuos elegidos para participar como parte de una muestra de investigación, de un trabajo con características cualitativas, debe ante todo ser apto para dicho fin, lo significa que además de conocedores, sean expertos en el campo que se investiga, lo que garantiza que sus opiniones están enfocadas con sustento de causa. Sosteniendo la anterior opinión Rudestam y Newton (2015), por su parte están de acuerdo en señalar que un referente tan válido como la finalidad que se desea alcanzar y para quienes trabajan con metodología cualitativa, es elegir premeditadamente sujetos que poseen información importante y que a través de ella puedan aportar "buscan deliberadamente encuestados bien informados que puedan contribuir de manera importante al esclarecimiento de y comprensión del objeto de estudio.

3.3. Variables de estudio

Las variables estudiadas en orden respectivo: a) Sexo, b) Edad, c) Años de trabajo laboral, d) Carrera en la que imparte docencia, e) Tipo de plaza laboral, f) Máximo grado académico, g) Tipo de certificación, h) Identificación con la visión, misión y objetivos de la UAMCEH, i) Conocimiento sobre los valores incluidos en la misión y visión de la UAMCEH, j) Conocimiento de los valores incluidos en la misión y visión de la UAT, k) Identificación personal sobre el concepto de libertad como valor, l) Identificación personal sobre el sustento de la visión institucional de la UAMCEH, m) Priorización docente sobre los elementos de sus compromisos profesionales, n)

Consideraciones personales sobre la importancia de la formación humana por parte de la UAMCEH, ñ) Consideración sobre el carácter que deben poseer los espacios de formación humana de la UAMCEH, o) Consideración docente sobre la utilidad de la formación humana ofrecida por la UAMCEH, p) Determinación de valores más relevantes (según criterio docente) por orden de importancia, q) Medios más utilizados por los docentes para la transmisión de valores, r) Clima de valores entre docentes de la UAMCEH.

3.4. Diseño de investigación

El diseño de investigación es descriptivo. Al respecto Kerlinger (1982, p. 214) dice que un diseño "es el plan, estructura y estrategia de una investigación cuyo objetivo es dar respuesta a ciertas preguntas y controlar la varianza". Hernández (2014, p. 126,158), especifica que "la gestación del diseño del estudio representa el punto donde se conectan las etapas conceptuales del proceso de investigación como el planteamiento del problema, el desarrollo de la perspectiva teórica y las hipótesis con las fases subsecuentes cuyo carácter es más operativo", y amplía su referencia al señalar que un diseño "es un plan o estrategia concebida para obtener la información que se desea con el fin de responder al planteamiento del problema".

A fin de alcanzar los objetivos planteados al inicio de esta investigación y establecer una guía idónea de trabajo que facilite el desarrollo en su conjunto, se determinó desarrollar una investigación no experimental con alcance descriptivo que viro sobre un enfoque cualitativo con diseño descriptivo y transeccional, para ello se trabajó como se menciona líneas arriba con 68 docentes de la UAMCEH e igual número de cuestionarios válidos. La representatividad de esta población acapara el universo focal y especifico del estudio por lo tanto se utilizó una muestra no probabilística dadas las circunstancias de factibilidad para realizar dicho estudio, la intención de identificar y describir las conceptualizaciones éticas que los docentes de la UAMCEH, desarrollan en su práctica profesional e interacción con el alumnado. El diseño seleccionado en su conjunto presenta una serie de ventajas como la objetividad controlada en el estudio, lo que permite la comprensión y explicación del hecho investigado a través de una conceptualización, en términos cualitativos permite identificar las estructuras conceptuales y holísticas que conforman la estructura axiológica del docente y su aplicación social.

3.4.1. Instrumento.

La selección del instrumento para recogida de datos de esta investigación se deriva de una extensa lectura y análisis de trabajos especializados, entre los cuales se encontró el trabajo de tesis doctoral que incluye un instrumento bastante cercano a las necesidades metodológicas, desarrollado y validado por De Rivas Manzano (2014), "La formación en valores en la educación superior a distancia. El caso de la Universidad Técnica de Loja". Dicha tesis tiene como objetivo conocer y describir la forma en que se desarrolla la convivencia axiológica entre docentes y estudiantes inscritos en la modalidad de educación a distancia, incluye dos cuestionarios uno para docentes y otro para alumnos.

Por ser un instrumento metodológicamente probado y que cumple los términos de rigurosidad solicitados en un trabajo de investigación, se consideró la utilidad de este para el desarrollo de esta investigación; arrojando una confiabilidad de alfa de Cronbach de 0.98, lo cual es alto y suficiente para la aplicación del instrumento.

3.4.2. Estructura del instrumento aplicado.

Considerando el objeto de estudio se validó nuevamente el cuestionario para la recolección de datos, particularmente en la sección dos, para tal efecto se utilizaron preguntas de tipo Likert bipolar (que se caracteriza por la existencia de dos polos opuestos en la opción elegida por el encuestado)

Descripción de secciones integrantes del instrumento.

- La primera sección tiene por objeto conocer los datos de sociodemográficos de los participantes.
- La segunda sección tiene por objeto conocer e identificar el conocimiento de valores presentes en la visión, misión de la UAMCEH y UAT.
- La tercera sección planteo en forma de escala a fin de conocer y evaluar el ambiente social entre los docentes de la UAMCEH

Cuadro 14. Descripción de secciones integrantes del instrumento aplicado

Secciones	identificación	Numeración	Total, de ítems por sección
1ª Sección	Datos personales	1-5	5
2ª Sección	Visión, misión y valores	6-19	14
3ª Sección	Evaluación del clima de valores entre docentes, trabajado en forma de escala	20-68	14

Fuente: Elaboración propia

Considerando los elementos contextuales de la UAMCEH y los objetivos de esta investigación se realizaron ajustes al instrumento original sin llegar afectar su grado de fiabilidad (como se describe más adelante), dichos ajustes correspondieron al desarrollo propio de las preguntas, pero conservando a la esencia propia de las preguntas.

3.4.3. Análisis de fiabilidad del instrumento.

Se realizó una prueba piloto con la aplicación de 15 encuestas a docentes de la UAMCEH. Los ítems analizados corresponden al conjunto del tercer bloque, que van de la pregunta 20 a la 66, los cuales fueron adaptados del instrumento propuesto por Rivas (2014).

Utilizando el programa IBM SPSS Statistics 22, se procedió a desarrollar la prueba del coeficiente Alfa de Cronbach, el cual arrojo un valor de 0.935 sobre los instrumentos piloteados y 0.931 con la totalidad de los instrumentos, demostrándose de esta forma que para efectos de la investigación el instrumento posee una alta confiabilidad.

3.5. Procedimiento.

Una vez que se comprobó la fiabilidad del instrumento se procedió a establecer un diálogo con el director de la UAMCEH, quien ya estaba informado del desarrollo de la investigación y se pidió permiso para la aplicación del instrumento, otorgando la autorización verbal, sugirió que se iniciara la aplicación del instrumento con los coordinadores de carrera y que ellos mismos fueran reproductores de la noticia con los docentes de área académica, de igual manera se inició un contacto paralelo y directo con los docentes para invitarlos a participar de la investigación contestando dicho instrumento, la estrategia utilizada para ello fue convocarlos a un par de reuniones en la sala de usos múltiples de la institución donde se les explico el brevemente el origen y alcances de la investigación, la asistencia respectiva fue de 11 y 13 docentes, quienes se manifestaron convencidos del trabajo y accedieron a participar contestando el instrumento. El resto de los participantes (94) fueron contactados de manera directa, es importante mencionar que para estos participantes la inversión de tiempo fue considerablemente más alta debido a que les buscó, explicó y entregó el cuestionario, de los cuales se recogieron 54, el resto lo entregó parcialmente contestado, no lo contestó y en algunos casos se negaron a devolverlo.

Una vez recogidos los instrumentos, fueron concentrados y resguardados para su posterior análisis mediante programa estadístico especializado, recomendado por los asesores de tesis, referentes metodológicos como López-Roldan (2015), Castañeda, (2010) y expertos del centro de cómputo de la UAMCEH.

CAPÍTULO IV

RESULTADOS

El presente capitulo expone los resultados obtenidos a partir del instrumento aplicado, para tal efecto se agruparon en tres objetivos, el primero de ellos el 4.2., muestra los perfiles sociodemográficos de la población encuestada, su conocimiento es estratégico ya permite entender la conformación, dinámica y características sociales de la población docente de la UAMCEH. El objetivo 4.3., contiene las respuestas que describen el grado de conocimiento, identificación y compromiso que los docentes encuestados mantienen con referencia a los planteamientos estratégicos de carácter institucional y que están presentes en los planes institucionales de la UAMCEH y UAT, específicamente la visión, misión y valores. Finalmente, el objetivo 4.4., contiene la información que permite determinar mediante una escala, la identificación de los 13 valores principales que dan forma al clima social imperante entre docentes y a su vez forma parte de la interacción de carácter académico con el alumnado, pues esos valores permean su accionar profesional.

4.1. Interpretación de resultados

El siguiente paso en el desarrollo de la presente investigación, es la interpretación de datos e información obtenidos, que permiten analizar y detallar cada una de las respuestas marcadas en el instrumento aplicado, lo que permite a su vez conocer elementos referenciales sobre la conformación sociodemográfico de la planta docente, conciencia sobre el compromiso docente respecto a la misión, visión institucional en dos planos el local de la UAMCEH y el general de la UAT, el grado de relevancia que representa los referentes axiológicos en términos personales y su transmisión como parte de su compromiso profesional, análisis de los referentes axiológicos como elementos básicos para una interacción educativa de calidad.

4.2. Análisis de respuestas otorgadas sobre el instrumento aplicado al personal docente de la UAMCEH que muestra los perfiles sociodemográficos y perfiles docentes.

a) *Género.* El primer grafico resultante del instrumento aplicado, muestra una participación de 68 docentes, la distribución de ambos géneros se representó en una participación respectiva de 45 (66,18 %) mujeres y 23 (33,82 %) hombres, lo cual fue constante con respeto a la disposición mostrada previa mediante invitación efectuada días antes de la aplicación de la encuesta.

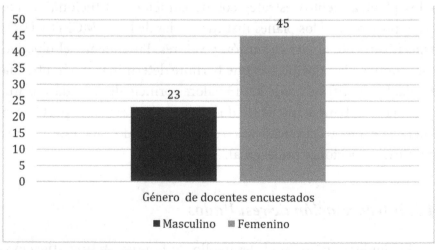

Gráfico 2. Participación docente por género. N= 68.

En relación con la mayor participación del género femenino en los estudios de carácter social no es nada extraño ya eso demuestra el interés por ser parte de un proceso que devele su realidad contextual, al respecto una definición que ilustra dicha condición; como es en este caso un tema axiológico de grandes implicaciones para los integrantes de una comunidad universitaria y en particular al ethos profesional docente.

b) **Edad.** Respecto a la variable edad los datos muestran un promedio en hombres de 43 años y 53 años en las mujeres, el análisis de los mismos igualmente permite ubicar una edad promedio de los participantes en ambos sexos de 48. 50 años, lo que vislumbrar una planta docente con experiencia para llevar a cabo las tareas profesionales asignadas por la institución y las autoridades centrales.

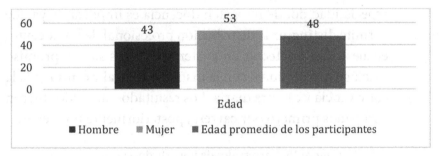

Gráfico 3. Promedio de edad de los participantes. N= 68.

c) ***Años que lleva trabajando en la UAMCEH.*** Sobre la cantidad de años de trabajo en la UAMCEH, los resultados muestran un promedio bastante cercano, los hombres con 12 años en tanto que las mujeres 13, por lo tanto, el promedio general es simétricamente constante con12.50 años

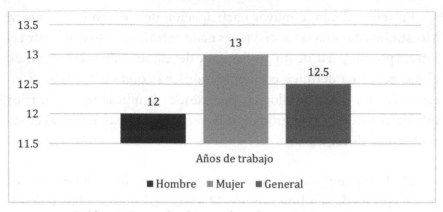

Gráfico 4. *Promedio de años de trabajo por género. N= 68*

d) Carrera en que imparte docencia. Considerando la variedad de la oferta educativa que ofrece la UAMCEH y heterogeneidad de su planta docente, y para fines del presente trabajo de investigación, la variable enfocada en conocer la especialidad donde imparten docencia es importante ya que permite distinguir la distribución profesional de los docentes encuestados y detectar en posteriores datos su compromiso axiológico profesional con la institución local y central, vía la convivencia y cátedra diaria. Los resultados obtenidos fueron agrupados primero por carrera, posteriormente por género.

Cuadro 15. Carrera donde imparte docencia.

Carrera donde imparte docencia	Hombre	Mujer	Porcentaje General
Licenciatura en Ciencias de la Educación	15 (65.22)	24 (53.33)	39 (57.35)
Licenciatura en Sociología	2 (8.70)	3 (6.67)	5 (7.35)
Licenciatura en Lingüística Aplicada	1 (4.35)	8 (17.78)	9 (13.24)
Licenciatura en Historia	2 (8.70)	4 (8.89)	6 (8.82)
LADBI	1 (4.35)	2 (4.44)	3 (4.41)
No menciona	2 (7.70)	4 (8.89)	6 (8.82)

Fuente: UAMCEH-UAT

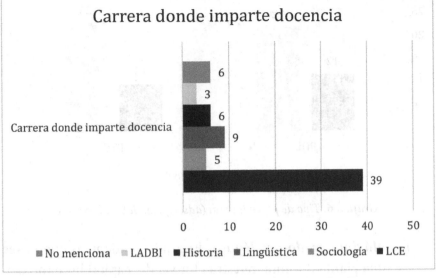

Gráfico 5. Carrera donde imparte docencia. N= 68

Como puede observarse las licenciaturas con mayor porcentaje de mayor a menor fueron LCE, Lingüística, Historia, Sociología y LADBI.

e) ***Tipo de plaza laboral (adscripción laboral).*** Al inicio de este apartado se dio cuenta de la población total y particular de los docentes participantes del estudio, al respecto se señaló que el número de docentes mujeres es casi el doble, esa misma proporción se contempla en las plazas de PTC y PHL para mujeres con 23 y 22, en tanto que los docentes hombres alcanzan 10 y 12 respectivamente; el total combinado para ambos géneros es de 45 para mujeres y 22 hombres.

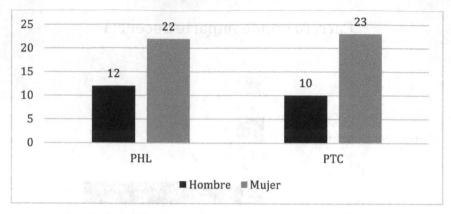

Gráfico 6. Tipo de plaza laboral (adscripción laboral) N= 68

f) ***Máximo grado académico.*** El grado académico que posee una planta docente muestra el nivel del capital humano con que cuenta una institución, esta es una verdad que se considera al momento de realizarse las evaluaciones institucionales, la socialización de dicha observación y el interés por crecer profesionalmente a generado una búsqueda de altos grados académicos (lo cual no es malo, pues aumenta el grado de competencia y permanencia académica) por tal razón y a fin de colaborar con los objetivos institucionales locales, la presente investigación planteo a los participantes la pregunta sobre su ultimo grado académico alcanzado, las respuestas son interesantes pues muestran números altamente dispares como 45 docentes con grado de maestría, lo que representa un 66.18 % (de los cuales 16 corresponden a docentes hombres y 29 docentes mujeres), en relación al grado de doctorado el número llega a 22, siendo un 35.35 % (siendo representados por 6 docentes hombres y 16 docentes mujeres), finalmente solo 1 docente hombre indico poseer una especialidad, aunque el número es mínimo alcanzo una representación porcentual de 1.47 (no especifica en que área de conocimiento).

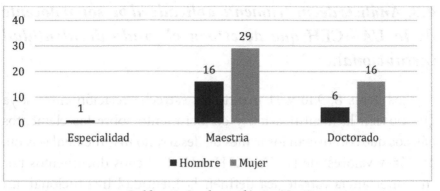

Gráfico 7. Grado académico N= 68

g) Tipo de Certificación. Al respecto de las certificaciones los números muestran una considerable zanja entre quienes poseen distinciones académicas producto de esfuerzos individuales y colectivos en trabajos de investigación, difusión y docencia, para acceder por ejemplo a PRODEP, las respuestas señalan que 19 docentes están incluidos en dicho programa, en tanto que solo 7 elementos cuentan con las certificaciones de PRODEP y SNI, igualmente los datos recabados indican que la mayoría de los encuestados 42 no cuentan con certificación alguna.

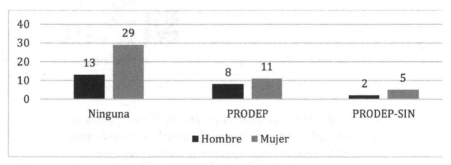

Gráfico 8 Tipo de certificación. N= 68

4.3. Análisis del instrumento aplicado al personal docente de la UAMCEH que describen el grado de identidad institucional.

Los ítems 8, 9,10 y 11 mantienen estrecha relación entre si ya que buscan la identificación y conocimiento sobre los elementos básicos que conforman los planes de desarrollo institucional (visión, misión y valores) de la UAMCEH y UAT, dichos documentos por su importancia estratégica definen la identidad institucional, así como las políticas, objetivos de calidad y procedimientos para los integrantes de la población universitaria.

h) *Se identifica con la visión, misión y objetivos de la UAMCEH.* La identificación como tema de análisis es importante para comprender los andamiajes socio expresivos que un sujeto desarrollo en su interacción diaria.

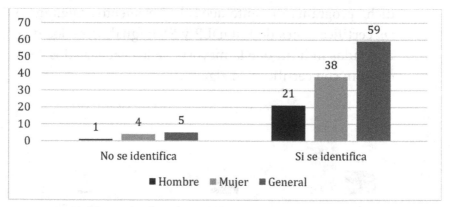

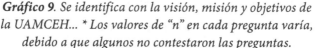

*Gráfico 9. Se identifica con la visión, misión y objetivos de la UAMCEH... * Los valores de "n" en cada pregunta varía, debido a que algunos no contestaron las preguntas.*

Sobre la identificación del personal académico con la visión, misión y objetivos (institucionales) de la UAMCEH, el 92.59 % señalo su afinidad a los mismos, la representación numérica por género en dicho rubro fue hombres con 21 (95.45%), mujeres 38 (90.48%), sobre la no identificación con la visión, misión y objetivos de la UAMCEH quedo representado de la siguiente por los hombres 1 (4.55%), mujeres 4 (9.52%). Esta es una pregunta estrategia que permite conocer la fundamentación socio discursiva que poseen los docentes con respecto a los documentos básicos de la institución donde laboran y a su vez marcan las forma en que expresan su interrelación con sus pares y alumnos bajo su responsabilidad. Al respecto Drew y Sorjonen (2000) y Kroskrity (1993), señalan que el discurso refleja la identidad de los sujetos, su compromiso con la actividad que desarrollan y representan, de esta forma un discurso que muestra la personalidad de quien lo desarrolla, de forma que las pretensiones se reflejan en su discurso y muestra su nivel sociocultural. en lo particular estas bases teóricas darían una sólida explicación del compromiso y la existencia de discursos cargados de responsabilidad profesional al interior de la UAMCEH. Así que se puede decir que la identificación institución está presente en más de dos tercios de la población encuestada.

i)   *Conoce los valores incluidos en la misión y visión de la UAMCEH.* La pregunta nueve, por su parte muestra las respuestas relacionadas con el conocimiento de los valores sociales que sustentan el trabajo institucional de la UAMCEH, existe un conceso amplio del "sí", que está representado tanto en géneros femenino y masculino con 38 (88.37%) y 19 (82.61%) respectivamente, en tanto que el "no" de los valores en ambos géneros fue de 5 y 4, la suma de tales respuestas indica que dos de los encuestados no contestaron tal pregunta.

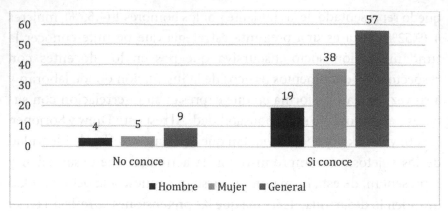

*Gráfico 10 Conoce los valores incluidos en la misión y visión de la UAMCEH. * Los valores de "n" en cada pregunta varía, debido a que algunos no contestaron las preguntas.*

j) *Conoce los valores incluidos en la visión y misión de la UAT.* Las respuestas otorgadas a la presente pregunta identifican el conocimiento existente en los docentes encuestados sobre los valores incluidos en la visión y misión de la UAT, las cuales determinan de cierta manera la actualización respecto a la información existente sobre los principios que sustentan el Plan Institucional de Desarrollo de la Universidad 2018-2021, mismo que puede ser localizado en el portal oficial de la Universidad Autónoma de Tamaulipas.

Los docentes encuestados, que respondieron si conocer los valores incluidos en la visión y misión de la UAT, fueron 21 (91.30%) docentes hombres y 40 (90.91%) docentes mujeres, en tanto quienes no conocen fueron representados por 2 (8.70%) docentes hombres y 4 (90.09%) docentes mujeres. El porcentaje general por género masculino y femenino, sobre el conocimiento y desconocimiento de los valores institucionales de la UAT fue de 61 (91.04%) y 6 (8.96%). A fin de contribuir al entendimiento de dicha pregunta es preciso señalar que el conocimiento sobre el documento rector de las políticas institucionales el Plan de Desarrollo Institucional 2018-2021 de la Universidad Autónoma de Tamaulipas (2108), es al menos del dominio de la mayoría de los encuestados, el mismo señala en el apartado misión

"Ser una universidad incluyente, equitativa y socialmente responsable, protagonista con el desarrollo socioeconómico y ambiental del estado, dirigida hacia la internacionalización, comprometida con sus trabajadores y el futuro profesional de sus estudiantes en condiciones de igualdad que genere y transfiera conocimiento innovador, la cultura, técnicas y tecnologías útiles a la sociedad bajo un enfoque de sustentabilidad". (PDI-UAT 2018, p 14)

Los tres grandes valores que están presentes en el apartado misión del PID-UAT, dan muestra de la orientación institucional, así como su promoción al interior de los espacios universitario y la sociedad en general: la inclusión, la equidad y responsabilidad social.

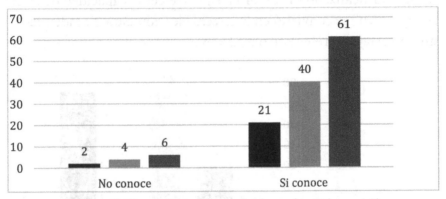

Gráfico 11. Conoce los valores incluidos en la visión y misión de la UAT. * Los valores de "n" en cada pregunta varía, debido a que algunos no contestaron las preguntas.

k) ***Definiciones de libertad que señala con la cual se identifica el docente encuestado.*** Se considera la libertad como el valor universal más importante pues permite al hombre decidir sin limitantes sus opciones y desarrollo con plena conciencia de sus decisiones.

En dicho contexto conocer cuál es la conceptualización que dirige la conciencia moral y ética de un docente es fundamental para el éxito del proceso educativo, permitiendo de esta forma el desarrollo de actuaciones cargadas de respeto a la integridad humana. La pregunta 11 busca conocer la noción de libertad con la cual se identifican más los docentes, ella se refleja en su desarrollo profesional dentro del ámbito universitario manteniendo relación con los valores prioritarios de la UAMCEH y la UAT: el modelo humanista inclusivo, equitativo y socialmente responsables.

Las respuestas otorgadas a las definiciones propuestas fueron "actuar conforme a mis deseos sin dañar a los demás" y "actuar conforme a mis principios y criterios", con 28 respuestas, lo que representa un 41.18% de identificaciones personales e igual, el segundo lugar está representado por la opción" no tener imposiciones al elegir" y 10 elecciones por parte de los docentes encuestados, el porcentaje respectivo alcanzado fue de 14.71 %, y "ejercer la capacidad de elegir siempre bien" se convirtió en la tercera elección para 2 académicos y un porcentaje representativo de 2.94%.

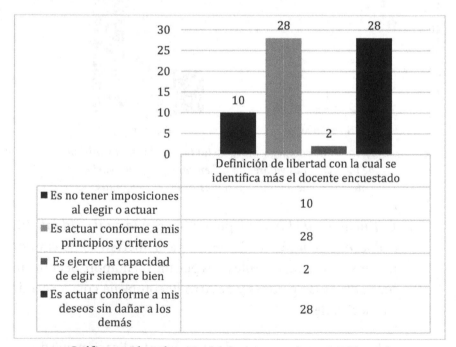

Gráfico 12 Identificación del docente con el termino libertad.

l) **Opciones consideradas por los docentes como la visión que sustenta la UAMCEH.** Los documentos macro que sostienen la identidad institucional y sus políticas, sirven para orientar las actividades profesionales de sus trabajadores docentes, por tal razón explorar en el conocimiento que se posee y la introspección vivencial sobre sus obligaciones institucionales muestran el grado de compromisos con la visión y misión de la institución empleadora.

El conocimiento sobre la visión y misión institucional de la UAMCEH se relaciona con la percepción que poseen los docentes encuestados, al respecto de la visión que sustenta la UAMCEH, se presentaron 5 opciones mismas que debían ordenar de acuerdo con su afinidad personal, considerando para tal efecto que la primera opción sería considerada como la más importante hasta llegar a la opción menos valorada con el número 5. La opción "a" fue predominante en la elección de los hombres con un 28.57%. En tanto que los incisos "b", "c", "d", "e", predominan las mujeres. El hallazgo permite inferir que las mujeres tienen mayor conocimiento del sustento de la visión institucional y que al momento de la impartición de clase ellas pueden trasmitir valores profesionales contemplados en documentos oficiales, no así los hombres. También hay que considerar que en este reactivo de 76 entrevistados solo 62 contestaron. En abstención quedaron 14 sujetos, que muy probablemente no están de acuerdo que existan estos fundamentos en la visión institucional.

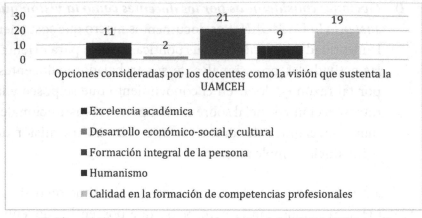

Gráfico 13 *Visiones que sustenta la visión de la HUAMCEH. n=62*

Cuadro 16. Sustento de la visión de la UAMCEH.
Una visión por genero de los participantes.

Opción	Hombre n (%)	Mujer n (%)	General n (%)
a) La excelencia académica	6 (28.57)	5 (12.20)	11 (17.74)
b) El desarrollo económico-social	---	2 (4.48)	2 (3.23)
c) La formación integra de la persona	6 (28.57)	15 (36.59)	21 (33.87)
d) El humanismo	3 (14. 29)	6 (14.63)	9 (14.52)
e) La calidad en la formación de competencias profesionales	6 (28.57)	13 (31.71)	19 (30.65)

Fuente: elaboración propia

Priorización de elementos que constituyen la misión y compromiso del docente integrante de la UAMCEH. Específicamente la pregunta 13 busca identificar aquellos aspectos que conforman la misión de la UAMCEH, para ello se asignó un orden prioritario del 1 al 6. Los resultados obtenidos son muy claros al mostrar una coincidencia entre hombres y mujeres, quienes consideran la formación integral como la prioridad más importante en la misión social y educativa sobre la cual trabaja la UAMCEH. Por su parte, la formación de profesionales competentes ocupa el segundo lugar en la priorización considerada por los encuestados, seguramente esto se debe a que existe una fuerte propuesta institucional central, por fortalecer dichas características del alumnado y se plasma en los actuales documentos programáticos que se manejan. La variable formación de profesionales comprometidos con el servicio a la sociedad, ocupa el tercer lugar dentro de la identificación prioritaria de la población encuestada, mostrando con ello una constante en relación la visión antropológica de carácter humanista y los postulados institucionales. La cuarta posición corresponde a la propuesta responsabilidad como elemento capaz de contribuir a la restauración de valores en la sociedad, seguramente por considerar que primero esta consolidar los aspectos formativos y posteriormente como en este caso, aplicarlo aprendido en la reproducción de principios axiológicos para la construcción del bien colectivo.

Llama la atención que un principio ético de alta consideración como la búsqueda de la verdad, se ubique en la quinta posición, la razón es que siendo el principal lema de la universidad y representa a toda la comunidad universitaria, acabe en tal lugar, situación bastante paradójica. Finalmente, el sexto lugar es ocupado por la formación de profesionales comprometidos con el desarrollo económico de la sociedad, lo que posiblemente se explique cómo poca atracción o interés por parte de los encuestados con la vinculación social y procesos productivos.

Cuadro 17. Priorización docente de elementos de la misión UAMCEH

Variables	Hombre	Mujer	Media general por variable	Posición general por prioridad
Formación integral	2.0	2.0	2.0	1
Formación de profesionales competentes	3.5	3.0	3.0	2
Formación de profesionales comprometidos	3.0	3.0	3.0	3
Responsabilidad para contribuir en la restauración de valores en la sociedad	4.0	3.0	4.0	4
Búsqueda constante de la verdad	6.0	4.0	4.5	5
Formación de profesionales comprometidos con el desarrollo económico de la sociedad	4.0	5.0	5.0	6

Fuente: Elaboración propia.

El compromiso institucional o también llamado organizacional, es tema de debate y está presente en las revisiones y planteamientos de institucionales públicas y privadas que se autodefinen socialmente responsables; dicho termino aplica a los principios axiológicos particulares de los empleados quienes deben consérvalos y llevar a cabo dentro de sus acciones profesionales (hablando en la perspectiva de la profesa o credo que practica en el marco social y desarrollo de una actividad productiva). La conceptualización y aportaciones al tema son bastante amplias, si consideramos primero la perspectiva y formación de quien la ofrece, por ejemplo, Colquitt (2007) y Jericó (2001), dejan ver una disposición de carácter psicológico en sus planteamientos, el primero de ellos señala que la intención de ser integrante de una organización, grupo o institución es parte de una conducta individual manifiesta en su intención de desarrollo y compromiso. El segundo de ellos especifica que el compromiso tiene más que ver con un carácter motivacional y la expectativa de contribuir de alguna forma a su desarrollo y logra con ello una posición respetable. Existen otras posturas más acentuadas que consideran el compromiso del empleado como el medio atreves del cual se logra alcanzar la seguridad, reconocimiento y estímulos adecuados para prolongar su productividad. La anterior introducción sirve para ilustrar el tema del compromiso docente mediante las respuestas de la población encuestadas.

***Cuadro* 18.** Priorización general de elementos
compromiso del docente UAMCEH

Variable	Hombre	Mujer	Posición general por variable
Tener sentido de pertenencia	1	1	1
Asumir con lealtad la misión, visión y valores de la UAMCEH	1	2	1
Respetar la visión, misión y valores institucionales	2	2	2
Cumplir con responsabilidad las funciones asignadas	2	3	2
Cumplir con las responsabilidades asignadas dentro del horario laboral	3	4	3

Fuente: Elaboración propia.

Gráfico 14.- Opiniones sobre la formación humana del personal docente de la UAMCEH. La formación y desarrollo humano es un activo fundamental para el crecimiento de toda institución, independientemente de las actividades asignadas, dichos elementos al ser considerados favorecen la actualización en términos de conocimiento y práctica para la construcción de experiencias integradoras, por lo tanto e invariablemente la formación y capacitación van de la mano y contemplan una finalidad, al respecto Flórez (1994, p.4), sostiene que la capacitación es "el eje y principio fundador de la pedagogía, refiriéndose al proceso de humanización que va caracterizar el desarrollo individual, según las propias posibilidades; la formación es la misión de la educación y de la enseñanza". Esta referencia sirve para realizar un acercamiento a la percepción docente con respecto a la actitud institucional y su responsabilidad frente a la formación axiológica.

La existencia de una sincronía es evidente en las respuestas generadas de ambos géneros con un total combinado de 47. La opción "poco importante" se representa un total de 13 respuestas. La opción "me es indiferente", está representada por 3 docentes. En tanto quienes consideran que a la institución "no le importa" presento solamente 4 respuestas de docentes mujeres.

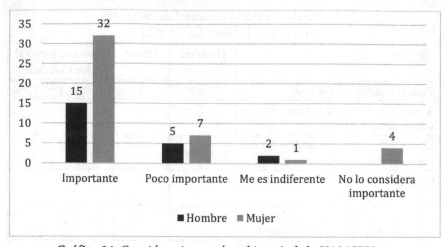

*Gráfico 14. Consideraciones sobre el interés de la UAMCEH por la formación humana. * Los valores de "n" en cada pregunta varía, debido a que algunos no contestaron las preguntas.*

Gráfico 15.- *Tipo de carácter que deben tener los espacios de formación humana, al interior de la UAMCEH.* En consideración al carácter obligatorio o voluntario que deben poseer los espacios para capacitaciones relacionada con la formación humana (axiológica), las respuestas fueron "el carácter obligatorio" como la opción más señalada con 29 docentes mismos que representan el 51.79 %. En tanto 27 docentes eligieron la "opción voluntaria" con un 48.21 %. Los resultados muestran una diferencia significativa entre quienes optan por la segunda opción, situación que sorprende ya que la acción docencia está cargada de altos compromisos sociales y principios axiológicos, razón por la cual los espacios ofrecidos no deben ser pasados por alto o bien dejar a libre consideración.

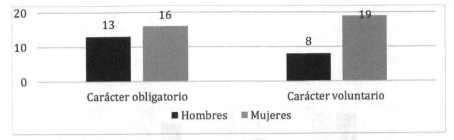

Gráfico 15. *Carácter que deben poseer los espacios de formación humana en la UAMCEH. * Los valores de "n" en cada pregunta varía, debido a que algunos no contestaron las preguntas.*

Gráfico 16.-. *Los espacios de formación, que actualmente brinda la UAMCEH, ayudan en su formación humana.* Sobre la utilidad y ayuda en la formación humana del personal que la UAMCEH ofrece, 18 docentes consideraron que "ayuda mucho". La opción "ayuda bastante" alcanzo 16 respuestas. La tercera consideración, "ayuda poco", fue elegida por 27 docentes, al respecto es importante mencionar que de ellos 20 fueron mujeres y 7 hombres. La cuarta consideración representada "ayuda en nada", presenta un equilibrio de 2 a 2.

Si bien todos los datos obtenidos en esta pregunta son por demás importantes, llama la atención el número elevado de docentes que consideran que la institución "ayuda poco" en su formación humana, habría que desarrollar un acto de reflexión basado en realidades para conocer las causas que originan dichas respuestas e igualmente es una llamada de atención para las Secretarias Académica y Secretaria Técnica, así como el Departamento de Educación Continua de la UAMCEH, programen espacios de formación humanan, atractivos en términos de impacto personal y profesional que puedan ser vinculados con su actividad docente y alcanzar de esta forma un cambio en la percepción sobre los compromisos, el carácter de los espacios de formación y el nivel de ayuda que recibe, lo que a su vez aumentaría el grado de satisfacción integral del docente.

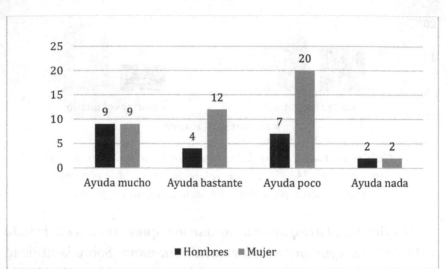

Gráfico 16. *Grado de ayuda ofrecida en la formación docente,
por la UAMCEH. Los valores de "n" en cada pregunta varía,
debido a que algunos no contestaron las preguntas.*

**Los seis valores, que en una escala de relevancia los docentes
consideran más importantes.** Uno de los objetivos de esta investigación
es conocer que valores son los más importantes para los docentes
encuestados y determinar su relevancia adentro del desarrollo de la
práctica profesional, tomando para ello como referencia una escala
donde 1 sería la consideración más alta y 6 la menos relevante.

El siguiente cuadro muestra las respuestas generadas en torno
a la consideración de relevancia sobre cuáles son los valores más
importantes para los docentes encuestados.

Cuadro *19. Valores más relevantes para los docentes encuestados*

Valor	Hombre mediana (Q1-Q3)	Mujer mediana (Q1-Q3)	General mediana (Q1-Q3)
Prudencia	4.0 (1.0-5.0)	2.5 (1.0-6.0)	4.0 (1.0-6.0)
Compromiso/Obligación	5.0 (1.0-4.0)	2.0 (1.0-5.0)	2.5 (1.0-5.0)
Responsabilidad	4.0 (2.0-5.0)	3.0 (1.0-4.0)	3.0 (1.0-5.0)
Tolerancia	5.0 (3.0-6.0)	4.0 (1.0-5.0)	4.0 (1.5-5.5)
Puntualidad	4.0 (1.0-5.0)	3.0 (1.0-4.0)	3.0 (1.0-4.0)
Libertad	3.0 (1.0-6.0)	1.0 (1.0-5.0)	2.0 (1.0-5.0)
Humildad	5.0 (1.5-6.0)	2.0 (1.0-5.0)	2.0 (1.0-5.0)
Confianza	2.5 (1.0-5.0)	1.0 (1.0-4.0)	2.0 (1.0-5.0)
Perseverancia	4.0 (1.0-4.0)	2.5 (1.5-4.5)	3.0 (1.0-4.0)
Paciencia	3.5 (1.0-4.0)	1.0 (1.0-4.0)	2.0 (1.0-4.0)
Generalidad/Servicio	4.0 (1.0-5.0)	2.0 (1.0-5.0)	2.5 (1.0-5.0)
Verdad	3.0 (1.0-6.0)	3.0 (1.0-4.5)	3.0 (1.0-6.0)
Diálogo	3.5 (1.0-5.0)	2.0 (1.0-5.0)	2.5 (1.0-5.0)
Respeto	4.0 (2.0-6.0)	2.5 (1.0-5.0)	3.0 (1.0-5.0)
Amabilidad/Confiabilidad	2.0 (1.0-5.0)	2.0 (1.0-4.0)	2.0 (1.0-5.0)
Honestidad	3.0 (2.0-5.5)	2.0 (1.0-3.0)	2.0 (1.0-4.0)
Justicia	1.0 (1.0-5.5)	2.0 (1.0-5.0)	2.0 (1.0-5.0)
Disciplina	3.0 (1.0-5.0)	3.5 (1.0-5.0)	3.0 (1.0-5.0)

Fuente: Elaboración propia

Cuadro 20. Priorización general de valores por género, considerados como los más importantes por los docentes encuestados.

Valor	Hombre	Mujer	Priorización general
Compromiso/Obligación	---	5°	3°
Libertad	5°	2°	2°
Humildad	---	5°	2°
Confianza	3°	1°	2°
Perseverancia	---	6°	---
Paciencia	---	1°	1°
Generosidad/ Servicio	---	5°	3°
Verdad	5°	---	---
Diálogo	---	5°	3°
Amabilidad/Confiabilidad	2°	4°	2°
Honestidad	6°	3°	1°
Justicia	1°	5°	2°
Disciplina	4°	---	---

Fuente: Elaboración propia

Al realizar el análisis de los resultados se percibe la ausencia de opiniones comunes en cuanto a la priorización de valores por género, lo que determina una conceptualización vivencial completamente diferente para los docentes. Las respuestas fueron agrupadas en tres categorías de valores, mismos que a continuación se presentan y describen. Los valores "paciencia" y "honestidad" se colocaron como los numero 1 en la consideración docente. En segundo lugar, lo ocuparon los valores "libertad", "humildad", "confianza", "amabilidad" "confiabilidad" y "justicia". La tercera posición fue para los valores "compromiso" "obligación", "generosidad" "servicio" y "diálogo".

Cuadro 21. Descripción de valores por categoría.

Características descriptivas de valores priorizados por los docentes		
Categoría valores de primer lugar	**Categoría de valores de segundo lugar**	**Categoría de valores de tercer lugar**
Se refieren a las decisiones y actos de carácter personal	Están relacionados con el respeto, buen trato y respeto por los derechos humanos de sus semejantes.	Son los que se vinculan al desarrollo y compromiso social, pensando en el bien común

Fuente. Elaboración propia

Llama la atención que la "verdad" como valor no fue considerada dentro de la priorización final docente, pese a ser el valor emblemático de la Universidad Autónoma de Tamaulipas. Igualmente quedaron fuera de lugar la "perseverancia" y la "disciplina".

Gráfico 17.- Medios más utilizados (en grado de importancia) por los docentes para la transmisión de valores a sus alumnos. Los programas educativos ofrecidos por la UAMCEH están diseñados para ser desarrollados de forma presencial, lo que determina que el contacto académico sea frecuente y requiera de medios diversos para alcanzar los objetivos en términos de conocimientos planteados en los documentos curriculares.

Siendo el objetivo central de este trabajo la investigación los principios axiológicos presentes en la práctica docente, se procedió a cuestionar que medios utilizan para ello y que prioridad otorgan a las opciones presentadas (5), para lo cual debían considerar que 1 sería el valor más alto y 5 el menos importante. Las respuestas ubicaron en orden de importancia las siguientes opciones: 1. "la clase diaria", 2. "las respuestas puntuales", 3. "los materiales didácticos",4. "él correo electrónico" y 5. "el Facebook" (redes sociales).

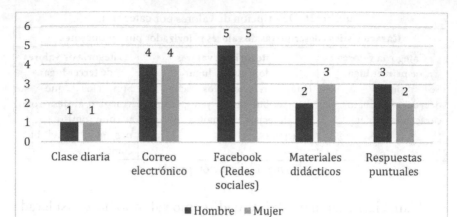

Gráfico 18. Medios considerados como los más importantes para la transmisión de valores.

4.4. Evaluación del clima de valores entre los docentes de la UAMCEH.

La última sección del instrumento aplicado a los participantes tiene como objetivo identificar y evaluar el clima de valores existente entre los docentes de la UAMCEH. Para ello se contempló una escala integrada por 13 valores: "Verdad". "Honestidad". "Generosidad". Respeto. Diálogo. Comprensión. Tolerancia. Esfuerzo. Amabilidad. Confianza. Responsabilidad. Disciplina y Humildad.

Primero se pidió a los docentes participantes señalaran su género, posteriormente continuar con la escala de 13 valores, señalando solo uno de los rangos representación en cada opción (1) "Totalmente de acuerdo". (2) "De acuerdo". (3) "Neutro". (4) "En desacuerdo". (5) "Totalmente en desacuerdo". Dicha escala quedo conformada de la siguiente manera.

Cuadro 22. Escala de valores

Genero M () F ()					
Valor	**1**	**2**	**3**	**4**	**5**
Verdad					
Honestidad					
Generosidad					
Respeto					
Diálogo					
Compromiso					
Tolerancia					
Esfuerzo					
Amabilidad					
Confianza					
Responsabilidad					
Disciplina					
Humildad					

Fuente. Elaboración propia

A continuación, se presentan el análisis del instrumento sobre axiología en docentes de la UAMCEH, en un primer tiempo se presenta el cuadro concentrador de resultados, el segundo momento corresponde al cuadro que establece la priorización particular por género y priorización general de los principios axiológicos considerados por los docentes encuestados de la UAMCEH como los más importantes para generar un clima socialmente adecuado en la integración docente y el aprendizaje escolar.

Cuadro 23. Concentrador de escala de valores docentes

Valor	Hombre mediana (Q1-Q3)	Mujer mediana (Q1-Q3)	General mediana (Q1-Q3)
Verdad	4.6 (4.0-5.0)	4.6 (4.3-5.0)	4.6 (4.3-5.0)
Honestidad	4.5 (4.0-5.0)	5.0 (4.0-5.0)	4.5 (4.0-5.0)
Generosidad	4.5 (4.0-4.8)	4.5 (4.3-4.8)	4.5 (4.1-4.8)
Respeto	3.8 (3.6-4.5)	4.1 (4.0-4.5)	4.0 (3.8-4.5)
Diálogo	4.5 (4.0-4.7)	4.7 (4.2-5.0)	4.7 (4.1-5.0)
Compromiso	4.6 (4.0-5.0)	4.6 (4.3-5.0)	4.6 (4.3-5.0)
Tolerancia	4.3 (4.0-5.0)	4.6 (4.3-5.0)	4.6 (4.0-5.0)
Esfuerzo	4.5 (4.0-5.0)	5.0 (4.0-5.0)	5.0 (4.0-5.0)
Amabilidad	5.0 (4.0-5.0)	4.0 (4.5-5.0)	5.0 (4.2-5.0)
Confianza	4.5 (4.0-5.0)	5.0 (4.0-5.0)	5.0 (4.0-5.0)
Responsabilidad	3.8 (3.0-4.4)	4.1 (3.5-4.5)	4.0 (3.5-4.5)
Disciplina	4.0 (4.0-4.5)	4.5 (3.5-5.0)	4.5 (4.0-5.0)
Humildad	4.2 (4.0-4.8)	4.6 (4.0-5.0)	4.4 (4.0-5.0)

Fuente. Elaboración propia

Cuadro 24. Escala final de valores docentes, según priorización otorgada

Valor	Hombre	Mujer	Conformación final de la escala de valores docentes, según la priorización otorgada a cada uno de dichos valores
Amabilidad	1°	1°	1°
Esfuerzo	3°	2°	2°
Confianza	3°	1°	2°
Diálogo	5°	3°	3°
Verdad	2°	4°	4°
Compromiso	2°	4°	4°
Tolerancia	6°	4°	5°
Generosidad	4°	6°	6°
Honestidad	3°	2°	7°
Disciplina	8°	7°	7°
Humildad	7°	5°	8°
Respeto	9°	8°	9°
Responsabilidad	10°	9°	10°

Fuente. Elaboración propia

Los resultados finales establecen que el valor principal para los docentes es la "amabilidad", esto determina la existencia de una conciencia social que manifiesta una conducta basada en la cortesía con sus compañeros de profesión y la convivencia diaria con el alumnado a su cargo. El valor de la "amabilidad" determina por mucho los actos cotidianos de una persona al respetar y tratar bien (la forma ideal, lo deseable) a los demás, principio que todo docente debe incluir en su labor profesional. En segundo lugar, se establecen el "esfuerzo" y la "confianza": el primero de ellos está determinado con el nivel de energía que un individuo invierte en desarrollar una actividad o tarea, esta forma para los docentes la cultura del esfuerzo, consideran sus respuestas, determina quien ejecuta mejor sus compromisos académicos e institucionales. Por su parte la confianza se relaciona a la seguridad de cumplir con las actividades académicas diarias, por parte del alumno y culminar sus estudios a largo plazo, igualmente se refriere a la confianza que existe al interior de un grupo o persona para que realicen ciertas actividades o se desarrolle una conducta. El "diálogo", se ubica en tercer lugar, es significativo encontrar este valor entre los tres primeros, ya que la actividad docente requiere de la exposición permanente ya sea oral o escrito, situación que abre una posibilidad para la sana discusión de posiciones sobre temas y asuntos diversos relacionados con su actividad académica o acontecimientos en los distintos planos extramuros y que son de su interés, lo que convierte los espacios áulicos en oportunidades para la expresión universitaria.

La cuarta posición es ocupada por dos valores la "verdad" y el "compromiso". Sobre la "verdad" como valor docente dentro de la UAMCEH, se puede decir es practicado como un elemento del pensamiento que pretende explicar la realidad de los hechos sociales, de tal forma que, al vincular el contexto y sus resultados con los objetivos marcados dentro de los contenidos programáticos, facilitan la comprensión del estudiante con respecto al mundo que lo rodea. Por su parte el "compromiso" como principio axiológico dentro de la práctica docente, es contemplado como una responsabilidad social (acto de carácter conductual) que conlleva el cumplimiento de obligaciones y deberes (acto de carácter sociológico). Igualmente, el compromiso está ligado a la búsqueda y propuesta de alternativas para la solución a problemas. El quinto valor apreciado por los docentes encuestados es la "tolerancia", principio axiológico ligado históricamente al origen de la institución y la libertad de catedra practicada dentro de sus aulas. La "tolerancia" como valor dentro del ámbito de la docencia local, muestra la alta capacidad de adaptación y entendimiento con respecto a las diferentes posturas ideológicas, experiencias vivenciales de sus compañeros, alumnado y prácticas administrativas, por señalar algunos ejemplos.

En relación con el sexto valor la "generosidad", y encantáralo dentro de los diez primeros es una muestra clara del compromiso que caracteriza a las personas individuo y su compromiso por ayudar a los demás, condición que, llevada al campo profesional docente de la UAMCEH, explica su compromiso social ligado a los actos de solidaridad, empatía y colectividad. La práctica de dicho valor y su ubicación dentro de los valores principales, está ligada igualmente a un criterio de respeto que facilita el aumento del trabajo colectivo y tolerante entere docentes y a su vez es solicitado al alumnado en sus trabajos colectivos. El séptimo lugar fue ocupado por dos valores la "honestidad" y la "disciplina". Con respecto a la "honestidad", el hecho de ser considerada por docentes, habla por un lado de un alto interés por los aspectos axiológicos y la búsqueda de la verdad como elemento cercano al conocimiento comprobable y por otra vía la consideración que todas acciones particulares y profesionales al estar guiadas por acciones y palabras cargadas de sinceridad llegan a promover ambientes saludables para las relaciones humanas con las personas que le rodean o bien están bajo su responsabilidad, contribuyendo a la integración institucional como este el caso. La octava posición fue para la "humildad", por lo general es vista como un conjunto de normas, reglas o principios que guían la conducta de un sujeto, en el caso particular de los docentes encuestados y el ambiente laboral, lo cual se relaciona más con una visión de carácter integrador propuesto por autores como Curwin y Mendler (1987), quienes la consideran como un medio para promover y alcanzar objetivos, metas en un ámbito escolar, más que un medio de control conductual, de tal manera que sus logros repercutirán en los niveles de aprendizaje del alumnado y actividades relacionadas con la academia, incorporando para ello los principios y objetivos institucionales. El "respeto", al quedar en noveno lugar, se convierte en pilar de la convivencia profesional y factor clave para estimular la participación del alumnado en las actividades académicas. En tanto que el valor "responsabilidad" ocupa el décimo lugar y se consideran básicos como principio axiológico de los docentes de la UAMCEH, se puede decir que este explica su compromiso con los objetivos y misión institucional, a su vez redefine su vocación e intención por actualizarse y responder a las necesidades socio cognitivas del alumnado.

4.5. Interpretación de los resultados.

Durante el desarrollo del presente trabajo se mantuvo un interés central por encontrar elementos teóricos que sustentaran el encadenamiento histórico que relacionen la presencia de los aspectos axiológicos en el proceso educativo, así como su repercusión social. De esta forma la UAMCEH y autoridades centrales de la UAT, deben considerar el factor ético como un elemento básico en sus planes de estudio, pues si bien es cierto que los alumnos llegan al nivel superior con una estructura axiológica conformada, es en los espacios universitarios que deben actualizarse en términos de responsabilidad social vinculando sus conocimientos con las responsabilidades profesionales que representaran, de ello dan cuenta las empresas y organismos públicos y privados, así como grupos de profesionistas asociados en barras y colegios, que demandan resultados de calidad y no maleficencia.

Todo modelo educativo, requiere de un modelo antropológico como referente, en el caso particular de la enseñanza y promoción de valores, el modelo humanista es la opción indicada por su promoción y gestión del desarrollo profesional docentes de la

UAMCEH, pero igualmente requiere un reforzamiento institucional local, que ha ponderado más las cuestiones técnico administrativas que la formación humana, al respecto especialista como Bulloug (2011); Mahony (2009); Sanger & Osguthope (2055, 2011) y Warnick & Silverman (2011) sostienen que a pesar de las observaciones y requerimientos sociales por impulsar la formación ética de la planta docente, estas no son atendidas, dicha consideración se fortalece con los resultados obtenidos a través de la encuesta aplicada, además las tendencias internacionales señalan que actualmente los procesos formativos son prioridad en el desarrollo humano, al respecto la Organización de naciones Unidas 'para la Educación (UNESCO), la Organización para Cooperación y el Desarrollo económico (OCDE), la Conferencia Regional de Educación Superior (CRESA) e Instituto Internacional de la UNESCO para la Educación Superior en América Latina y el caribe (IESALC), han coincidido en señalar, aunque con perspectivas diferentes la importancia de una constante preparación académica y formación ética del profesorado universitario.

En relación con los resultados obtenidos se aprecia un compromiso del docente con los referentes institucionales, la intención de establecer compromisos éticos con la impartición de cátedra, utilización de medios adecuados para la atención pertinente de dudas y observaciones, intercambio de experiencias vivenciales y atención pro-mejora del ambiente social imperante en la UAMCEH y finalmente conocer la escala representativa de valores docentes.

CAPÍTULO V

CONCLUSIONES Y RECOMENDACIONES

El presente capitulo presenta las conclusiones del trabajo y las recomendaciones derivadas del mismo.

5.1. Conclusiones

Los docentes consultados y sus respuestas ponen en evidencia la relación existente entre los valores y su práctica con la educación, la importancia que este binomio representa para la educación superior en el actual contexto de responsabilidad social es fundamental para formar profesionales comprometidos en desarrollar bienes culturales con sentido humanista y conocimientos que eleven el desarrollo material de su contexto.

Actualmente existe una fuerte corriente por la promoción de los valores en la educación superior e igualmente existen posiciones que desde su particular óptica sostienen que los valores solo deben ser desarrollados en casa y no en la escuela o centro educativo. Todo lo contrario, ser conscientes que los valores están presentes en toda acción social, es contribuir a mejorar la interacción profesional como en este caso la práctica docente y su ambiente laboral.

En virtud del trabajo realizado, se puede decir que se logró dar respuesta a las siguientes preguntas de investigación, brindando para ello respuesta a la pregunta que dicta ¿Cuáles son los aspectos axiológicos que están presentes en la práctica docente de la UAMCEH, durante el periodo 2018-3? El objetivo de la pregunta es señalar los aspectos axiológicos (valores): Que los docentes poseen y desarrollan en su práctica) que están representados por los valores identificados como: *La amabilidad, el esfuerzo, la confianza, el diálogo, la verdad, el compromiso, la tolerancia, la generosidad, la honestidad, la discapacidad, la humildad, el respeto y la responsabilidad.* Al respecto especialistas como Navarro, Alcántara y Martinez (2007); Bravo (2001); Cortina (1999); Polo (1991), Arribasplata y Quintana (2005), García (2006); Villa y López (2001), señalan en sus aportaciones que dichos valores (aspectos) forman parte de todo individuo, por lo tanto, llegan a formar parte de sus acciones y trasladados a sus diferentes roles sociales, lo que quiere decir que la actividad docente no puede escapar a la presencia de dichos elementos y su impacto social. La comparación resultante entre datos derivados de la investigación y la revisión teórica, permiten confirmar la actualidad social del tema en cuestión.

En lo que respecta a la segunda pregunta ¿Cuáles son los fundamentos relacionados con el proceso axiológico de la práctica docente? El objetivo de la pregunta es identificar y señalar: La estructura procesal que conforman los valores del quehacer profesional de los docentes que integran la plantilla de la UAMCEH: Durante el desarrollo de la investigación y particularmente la revisión teórica fueron quedando expuestos una serie elementos que dan forma a la construcción axiológica de la práctica docente, al respecto se puede decir que: *El primer elemento parte del nivel básico conceptual que considera a los valores como humanos eje central para explicar la conducta humana* y por lo tanto el desarrollo personal de cada individuo. *El segundo elemento implica la identificación, registro y clasificación de conductas observables, su registro y clasificación por su naturaleza ambivalente (deseables o indeseables) pueden ser analizadas o investigadas según sean los fines que se desean alcanzar,* en el caso de la función docente se espera lo deseable de acuerdo a las normas aceptadas por la mayoría social: favorecer la construcción de conocimientos que orienten la personalidad, sus interacciones sociales para mejorar el desarrollo colectivo. *Un tercer elemento es la vinculación existente entre valores y las áreas de desarrollo social,* considerando que estos están presentes en toda sociedad y pueden ser replicados en distintas culturas, tal como lo señala Schwartz (2001 y 2004), situación que favorece la generación de modelos e instrumentos de investigación adaptables a cada contexto y profesión (como la docente). *finalmente, un cuarto es la aplicación consiente de los principios axiológicos.* Dichos elementos guarda estrecha relación con la intención del Espacio Europeo de Educación Superior, por dar respuestas que mejoren el proceso educativo, a sus actores y las competencias profesionales (entre ellas la capacidad ética y sus vinculaciones sociales) del personal académico, igualmente un referente similar es ofrecido por Benito, Cruz, Bonsón, Enguita & Icarán (2005, p.126), quienes describen el CBAM *(Concern Based Adoptin Model)* como un proceso de investigación aplicado a docencia " que determina el cambio que se introduce en su profesión, el cual constituye la base para mejora continua", el cual tiene su origen y aplicación en la Universidad de Texas, el cual está conformado por tres apartados y cada uno por dos elementos, inicia señalando *el concepto eje* (identificación del problema, clarificación), *el segundo apartado la propuesta de solución* (posible solución y registro de resultados) y el tercer apartado lo forma la evaluación y propuesta (extracción de conclusiones y mejora de la propuesta). ¿Cuáles son las características que se expresan actualmente en materia de dirección de resultados del proceso de medición para identificar los aspectos axiológicos de la práctica docente durante el periodo 2018-3? El objetivo de la pregunta fue: Identificar los principales valores de la práctica docente de la UAMCEH, para tal efecto se seleccionó un instrumento probado, se adaptó a los fines propuestos, para tal efecto se diseñaron y aplicaron acciones complementarias que posibilitaran su aplicación, sistematización de respuestas, sus posterior análisis e interpretación, lo que finalmente permitió alcanzar el objetivo trazado

.¿Qué acciones y componentes de una estrategia, permiten identificar aquellos aspectos axiológicos de la práctica docente? El objetivo de la pregunta es conocer: Las acciones diseñadas que permitan acceder a la comprensión y desarrollo de los aspectos axiológicos (valores) incluidos durante la práctica docente y sus interacciones socio profesionales con sus pares, lo que posibilita un proceso educativo de calidad (objetivo institucional de carácter local y central), responsable y cercano al marco de los derechos humanos generales.

Finalmente se asume la existencia de aspectos axiológicos que están presentes en la práctica docente, específicamente en el periodo escolar 2018-3?, igualmente se dio respuesta puntual a la preguntas específicas, pues se identificaron los principios axiológicos (valores) de la práctica docente, para tal efecto se procedió a identificar los principales referentes de carácter teórico que sustentan la formación social y principios éticos de la práctica docente, acción que sin lugar a dudas contribuirá a la promoción y desarrollo de principios éticos, para incrementar la formación axiológica de los docentes dentro de un contexto de carácter humanista.

En este sentido se dio respuesta a la hipótesis de investigación direccional que dictó la presunta existencia presencia de valores durante la práctica docente cotidiana, mismos que influyen en la interacción académica, dicha conjetura fue superada al comprobarse con la obtención de datos que permitió primero identificar, conceptualizar y posteriormente conocer la priorización de los mismos con respecto a la identificación con visión y misión institucional; de esta forma al identificar la presencia de los valores en la interacción cotidiana que desarrollan los docentes durante su práctica profesional se logró avanzar en el planteamiento de la investigación.

Cabe mencionar que los resultados obtenidos en esta investigación abren las posibilidades de servir como referente en futuros proyectos de capacitación para el desarrollo humano del personal docente y promoción de principios éticos para los futuros profesionistas, abrir grupos y líneas de investigación que vinculen tanto a docentes como alumnos.

5.2. Discusión

La consulta realizada entre los docentes de la UAMCEH y los resultados obtenidos han permitido primero identificar y posteriormente conocer los principios éticos que rigen su práctica profesional, situación que permite encontrar una relación con los referentes de carácter teórico consultados. Las razones para tal consideración son entre otras la promoción y cuidado de los derechos humanos vinculados a la formación educativa del estudiante, siendo un factor básico para el desarrollo social e impulso a la calidad como sinónimo de actualización y modernización en los servicios institucionales (UAMCEH) ofrecidos y el reconocimiento como una institución socialmente responsable. Igualmente se logró identificar la escala de valores predominantes (amabilidad, esfuerzo, diálogo, verdad, tolerancia, generosidad, honestidad, disciplina y humildad) en el cuerpo docente, lo cual permitirá ofrecer a las autoridades administrativas de la UAMCEH, referentes que orienten el desarrollo de programas de difusión y capacitación para el desarrollo personal y profesional a fin de aumentar y mejorar el clima de convivencia e interacción local. A continuación, se realiza un breve repaso comparativo que permite constatar trabajos con resultados similares, y a su vez mantienen estrecha relación con la investigación realizada y permite a su vez confirma el interés internacional por el tema en cuestión. Los valores identificados en la presente investigación, mantienen una relación de carácter positivo con los ofrecidos por Fullat (1982), quien considera que para alcanzar el éxito en el campo educativo se deben lograr ocho finalidades de carácter ético: felicidad, paz, libertad, democracia, justicia, creatividad participación y fraternidad; dichas metas bien pueden relacionarse entre sí con las detectadas en la particularidad local de la UAMCEH como: amabilidad-paz, esfuerzo-creatividad, diálogo-democracia, verdad-justicia, tolerancia-fraternidad, generosidad-felicidad, honestidad y humildad-libertad, y disciplina-participación. Por su parte Martinez, Buxarrais y Esteban (2002), precisan que la actividad docente en su práctica social desarrolla tres actividades fundamentales:

el carácter electivo, que es responsable de la enseñanza de los contenidos programáticos, la de carácter evaluador de los contenidos programáticos alcanzados, y el carácter de tutor. Cada una de las actividades antes desarrolladas contiene en su práctica valores que son similares a los obtenidos en el presente trabajo de investigación se consideran fundamentales para la convivencia y relación tanto con los compañeros de profesión y alumnado el alumnado.

La actividad docente, genera los valores de respeto a la persona de una forma íntegra, lo cual se relaciona con la amabilidad, tolerancia, generosidad, diálogo y humildad; el carácter evaluador, por su parte encuentra un hilo conductor con los valores de la verdad, honestidad, disciplina y esfuerzo; y finalmente el carácter de tutor, con sus valores que enaltecen el secreto personal, cuidado de la información personal y secrecía como un principio ético y moral de quien es depositario, la relación existente entre estos valores y los obtenidos es la disciplina (tanto ética como moral por parte del docente en sus prácticas e interacción

Por su parte McNay, I. (2007), encontró que los valores docentes universitarios, se encontraban ligados a la norma profesional marcada por el Comité Nacional de Investigación sobre la Educación Superior (del Reino Unido), y a su vez dentro de la campaña política de 1997, de tal forma, que sobre los valores particulares de cada docente, están los institucionales, caracterizados por un tinte político administrativo, lo que da como resultado una concepción común para todo el nivel superior, esta situación es la que da orden y razón a la práctica de dicho nivel. Los valores finales y su conceptualización resultante fueron. El compromiso con la verdad, la responsabilidad de compartir el conocimiento, la libertad de pensamiento y expresión, el análisis estricto de toda evidencia y una respuesta clara, sustentada en razonamientos y bases comprobables, la capacidad y voluntad de escuchar otros puntos de vista, y finalmente hay que considerar que toda acción conlleva un aspecto ético. La similitud particular entere esta investigación y desarrollada en la UAMCEH, estriba en poseer valores comunes que pretenden mejorar la enseñanza del alumnado y el cumplimiento socio ético del docente.

Se puede considerar por los resultados obtenidos y en base a los referentes teóricos, que las existencias de los principios axiológicos están presentes en la práctica profesional docente en todo nivel educativo, sin embargo, en el superior alcanza una mayor responsabilidad social, considerando lo que se espera de los futuros profesionistas, como señala Reboul (1992), los docentes son responsables del proceso enseñanza aprendizaje y es su deber permanente realizarlo de manera consiente a fin de conocer sus alcances y consecuencias.

La conclusión general obtenida establece la existencia de un compromiso con los principios axiológicos de la profesión docente en la UAMCEH, así como lealtad con sus principios y conocimiento de los principios planteados en la visón y misión, tanto de la UAMCEH como de la UAT.

Los resultados hoy planteados no pueden ser consideran concluyentes primero ya que representan la apreciación temporal de los participantes y esta puede cambiar como producto nuevos aprendizajes, experiencias, interese o condiciones del contexto y en segundo lugar porque nuevos tiempos podrán traer nuevas líneas de investigación.

5.3. Limitantes presentadas durante el desarrollo de la investigación

Pese a tender defina la idea central del trabajo y objetivos de investigación, durante el desarrollo de esta, fueron apareciendo elementos que aumentaron los cuestionamientos y líneas de análisis sobre la temática axiológica y su vinculación con la práctica docente universitario, de tal manera que se incluyeron aspectos reflexivos sobre los mismos como la clasificación de valores desde la perspectiva disciplinar.

Una limitante mayúscula fue la carencia de material bibliográfico específicos que abordará el tema en cuestión. La bibliografía existe en el medio local no se puede considerar como actualizada, de tal forma los datos en ella presentes están desfasados para nuestros tiempos, la solución a esta problemática provino de la consulta en sitios especializados en sitios virtuales y textos obtenidos a través de préstamos temporales de colegas foráneos.

Al estudiar y medir valores, siempre se debe tener presente la existencia de apreciaciones subjetivas por parte de quienes son sujetos de investigación, ya que las respuestas proporcionadas podrán ser o no las que representan la realidad de su percepción o vivenciales. Por tal razón el desarrollo de las interpretaciones basadas en las respuestas obtenidas se apegó completamente a lo manifestado por los docentes.

La falta de interés por participar de los colegas docentes fue una gran limitante, pues anteponían consideraciones de carácter institucional y personales como falta de tiempo para contestar el instrumento por exceso de trabajo y compromisos académicos o sencillamente por considerarlo poco o nada relevante.

En relación con el instrumento utilizado para la obtención de respuesta, se puede decir que fue otro de los grandes retos, ya que no fue fácil localizar uno calificado y probado por la comunidad especializada, que llenara las expectativas contempladas en los objetivos de nuestra investigación y posteriormente adaptarlo al contexto local sin perder su esencia y rigidez metodológica. Dicha condición fue superada a través de la consulta y consejos de expertos como el director de tesis y asesor metodológico, además de opiniones diversas de investigadores fogueados en dicho campo.

5.4. Recomendaciones

Se propone a partir del trabajo desarrollado y los resultados obtenidos:

1. - El desarrollo de un programa de capacitación y actualización permanente relacionado con temas axiológicos que abonen al desarrollo humano y responsabilidad profesional de la planta

docente de la UAMCEH, de tal forma que se vinculen las experiencias cotidianas con los contextos internacionales de cambio y perspectiva en temas de educación.

2. - De la misma forma proponer la integración de un grupo de trabajo disciplinar a cargo del tema axiológico y su vinculación con los procesos educativos, a fin de que contribuyan con nuevos referentes y actualicen la formación del alumnado; dicho grupo proporcionaría nuevas líneas para el trabajo de investigación e incorporaría a tanto a docentes como alumnos a dicha actividad, lo que indudablemente incrementaría los indicadores institucionales.

3. - Plantear, desarrollar y realizar foros, consultas paneles de expertos y congresos con la temática axiológica como eje central, donde puedan participar tanto docentes como alumnos, generaría espacios de participación y expresión y convirtiera a la institución en un referente con presencia estatal y posteriormente nacional.

Para concluir se señala que la aportación referencial de esta investigación, si bien se encontró una respuesta satisfactoria al tema central, igualmente abrió el interés por nuevos temas de carácter axiológico para ser abordados en el futuro próximo.

REFERENCIAS

Aciego de Mendoza, R., Domínguez Medina, R., y Hernández Hernández, P. (2003). *Evaluación de la mejora en valores de realización personal y social en adolescentes que han participado en un programa de intervención.* Psicothema, 154(4), 589-594. Recuperado de www.psicothema.com

AgCenter. (s.f.) *How is economic value measured.* [Fecha de Consulta 5 de noviembre 2017].

Agencia de la ONU para los refugiados. Comité Español. (2017). *Valores humanos: lista de los 7 más importantes.* Disponible en: https://eacnur.org/blog/valores-humanos-lista-los-7-mas-importantes-tc-alt45664n-o-pstn-o-pst/

Aguirre Palma, B. (2011). *Los valores morales en la conducta personal.* Enfoque UTE, 2(1), pp. 77 - 101. Recuperado de Disponible en: https://doi.org/https://doi.org/10.29019/enfoqueute.v2n1.11

Allport, G. W. (1937). *Personality: A Psychological Interpretation.* New York: Holt, Rinehart, and Winston,

Álvarez de Zayas C. (1996). *La Universidad como Institución Social.* La Habana: Editorial Academia.

Álvarez, A., Álvarez-Monteserín, Ma. A., Cañas, A., Jiménez, S., y Petit, Ma. J. (1990). *Desarrollo de las habilidades sociales en niños de 3-6 años guía práctica para padres y profesores.* Madrid. España: Aprendizaje Visor.

Amaro, P., Velasco, M., y Espinoz P. (2010). *Valores esenciales que deben impulsarse en la UAT. La opinión de profesores de posgrado.* Educación y Ciencia. Cuarta Época. Vol.1, num.3 (38). 17-30

Arciniega, L., y González, L. (2000). *Desarrollo y validación de la escala de valores hacia el trabajo* EVAT 30. Revista de psicología Social, 15(3), 281-296. Recuperado de: https://www.luisarciniega.org/uploads/1/9/2/9/1929011/paper_rps_2000_arciniega_y_gonzlez.pdf

Arias, F., y Heredia, V. (2006). *Administración de recursos humanos, para el alto desempeño, (6ª ed.).* México, D. F.: Trillas

Arribasplata, I. y Quintana, H. (2005). *Educación en valores.* Lima. Editorial San Marcos.

Armstrong, A. H. (2007*). Introducción a la filosofía antigua.* (399 págs.) Buenos Aires, Argentina: Eudeba

Asla, M. (2017). *Naturalismo. En Diccionario Interdisciplinar Austral, editado por Claudia E. Vanney, Ignacio Silva y Juan F. Franck.* http://dia.austral.edu.ar/Naturalismo.

Asmus, V. F. (1988). *Historia de la filosofía antigua.* La Habana: Editorial Pueblo y Educación.

Axiologic.org. (2019). Disponible en http://www.axiologic.org/axiologia/

Baeza, M. A. (2008). *Mundo real, mundo imaginario social. Teoría y práctica de sociología profunda.* RIL Editores.

Bakhtin, M., y Ponzio, A. (1997). *Hacia una filosofía del acto ético: y otros escritos (Vol. 100).* Anthropos Editorial.

Barba, M., y Alcántara, A. (2003). *Los valores y la formación universitarios.* Reencuentro. Análisis de problemas Universitarios, (38), 16-23

Barranco, M. (2007). *Dos casos extremos. Tragedia y moralidad. Comentarios a «De individuos y emociones. Algunas reflexiones sobre el papel de las emociones en la vida moral de Rocio Orsi Portalo.* Enrahorna: quaderns de filosofía.vol.38-39. Disponible en http://dx.doi.rg/10.5565/rev/enrahonra.329

Baxter, P. (1989). *La formación de valores: una tarea pedagógica.* La Habana: Editorial Pueblo y Educación.

Beauchamp.T., y Childress. J.F. (2009). *Principles of Biomedical Ethics.* 6ª Ed. New York: Oxford University Press; 2009.

Beltrán, F., Torres, I., Beltrán, A., y García, F. (2005). *Un estudio comparativo sobre valores éticos en estudiantes universitarios. Enseñanza e investigación en psicología, 10(2).* [Fecha de Consulta 22 de Julio de 2018]. ISSN: 0185-1594. Disponible en https://www.redalyc.org/articulo.oa?id=292/2921021|3

Benito, A., Cruz, A., Bonsón, M., Enguita, C. y Icarán, E. (2005). *Nuevas claves para la docencia universitaria. En el espacio europeo de educación superior. (3ª edición).* Madrid, España. Narcea Ediciones.

Bezdresch, M. (2000). *Reseña de "transformando la práctica docente. Una propuesta en la Investigación–acción" de Cecilia Fierro, Bertha Fortoul, Lesvia Rosas.* Revista del Centro de investigación. Universidad La Salle, 4(14). [Fecha de Consulta 4 de enero de 2019]. ISSN: 1405-6690. ¿Recuperado de https//www.redalyc.org/articulo.oa? id=342/34201416

Boddy, C. (2016), *"Sample size for qualitative research", Qualitative Market Research,* Vol. 19 No. 4, pp. 426-432. Disponible en: https://doi.org/10.1108/QMR-06-2016-0053

Bolívar, A. (2002): *La evaluación de valores y actitudes.* Madrid. España: Anaya/Alauda.

Bolívar, A. (2002). *La evaluación de actitudes y valores: problemas y propuestas.* En Castillo Arredondo, S. Compromisos de la evaluación Educativa, pp. 91-114. Pearson Educación/Prentice-Hall

Bolívar, A. (1992). *Los contenidos actitudinales en el currículo de la reforma: problemas y propuestas.* Madrid. España: Editorial Escuela Española.

Boroel, B., y Arámburo, V. (2016). *El posicionamiento del docente ante la formación en valores en la educación superior. RIDE. Revista Iberoamericana para la Investigación y el Desarrollo Educativo,* 7(13), 463-482. Recuperado el 18 de marzo de 2018, de: http://www.scielo.org.mx/scielo.php?script=sci_arttext&pid=S2007-74672016000200463&lng=es&tlng=es.

Boroel, B., Garduño, Y., y Sánchez, J. (2017). *La formación integral universitaria: un estudio acerca de la concepción docente sobre valores y actitudes de los estudiantes de la licenciatura en actividad física y deportes.* Congreso Nacional de Investigación Educativa. COMIE. San Luis Potosí.

Bravo, N. (2001). *Valores humanos. Chile: por la senda de una etica cotidiana.* RIL impresores.

Braithwaite, V., y Law, H. (1985). *Structure of human values: Testing the adequacy of the Rokeach Value Survey. Journal of Personality and Social Psychology, 49*(1), 250-263. Disponible en: http://dx.doi.org/10.1037/0022-3514.49.1.250

Bullough, R. (2011). *Ethical and moral matters in teaching and teacher education. Teaching and Teacher education,* 27(1), 21-28.

Buxarrais, M. y Villafranca, I. (2011). *La educación moral y civica: propuesta pedagógica de Kerschensteiner, Natorp y Spranger. Innovacion Educativa, 11(55),* undefined-undefined. [Fecha de Consulta 4 de enero de 2019]. ISSN: 1665-2673.Disponible en https://www. redalyc.org/articulo.oa?id=179421429003

Chacón, N. (1988) *Ética y profesionalidad en la formación de maestros.* Revista Interuniversitaria de Formación del Profesorado, (35).

Cadena, A. (2004). *Filosofía. Published by Thomson International.*

Campos, V. (2003). Marco de referencia del programa Edupar. Santiago de Cali.

Camps, V. (2003). *Capítulo III. Perspectivas éticas generales" y "Capítulo V. Ética para las ciencias y técnicas de la vida". Cuestiones éticas en ciencia y tecnología en el siglo XXI.* OEI, Madrid. Editorial Biblioteca Nueva.

Castañeda, M., Cabrera, A., Navarro, Y. y De Vries, W. (2010). *Procesamiento de datos y análisis estadísticos utilizando SPSS. (165 págs.).* Porto Alegre, Brasil: Edipucrs.

Castro, J. (2004). *Actitudes y desarrollo moral: Función formadora de la escuela.* Educere, 8(27). [Fecha de Consulta 15 de marzo de 2018]. Recuperado de: https://www.redalyc.org/articulo.oa?id=356/35602705

Claver, E., Llopis, J., y Gasco, J. (1997). *Ética empresarial. Implicaciones para la dirección de los recursos humanos. Boletín de estudios Económicos.* Vol. LII. n. 175-187.

Cobo, J. (2009). *Universidad y ética profesional. Teoría De La Educación. Revista Interuniversitaria, 15.* Disponible en: doi:10.14201/ted.3051

Cobo. J. (1993). *Educación ética para un mundo en cambio y hacia una sociedad plural. (1ª. ed.376 págs.).* Madrid. España: Ediciones Endymion.

Colquitt, J., Lepine, J., Wesson, M., & Gellatly, I. (2011). *Organizational behavior: Improving performance and commitment in the workplace (Vol. 375).* New York, NY: McGraw-Hill Irwin.

Cordero, J. (1986). *Ética y profesión en el educador: su doble vinculación.* Revista Española de Pedagogía, 463-482. Recuperado de:https://revistadepedagogia.org/wp-ontent/uploads/2018/04/1-%C3%89tica-y-Profesi%C3%B3n-en-el-Educador.pdf

Cortina, A. (1997). *El mundo de los valores: ética y educación. (1ª. ed.).* Santa Fe de Bogotá: Colombia. Editorial El Búho.

Cullen, C. (1997). *Crítica de las razones de educar: temas de filosofía de la educación.* Argentina. Ed. Paidós.

Cuneo, T. (1999). *Capacities for goodness: A defense of neo-Aristotelian moral realism, Ph.D.* Fordham University.

Curwin, R. y Mendler, A. (1983). *La disciplina en clase. Guía para la organización de la escuela y el aula.* Madrid: Narcea, S.A. de Editores.

Cudmani, L., Pesa, A., y Salinas, J. (2000). *Hacia un modelo integrador para el aprendizaje de las ciencias. Enseñanza de las ciencias: Revista de investigación y experiencias didácticas.* 2000, Vol. 18, Núm. 1, p. 3-13. Recuperado de: https://www.raco.cat/index.php/Ensenanza/article/view/21627/21461

Diccionario Crítico de Ciencias Sociales. (2009). *Terminología Científico-Social,* Tomo 1/2/3/4, Ed. Plaza y Valdés, Madrid-México.

Diccionario de Ciencia Política y de la Administración. (2015). Disponible en: dcpa.wikidot.com/wiki:valores-politicos

Diccionario de la Real Academia de la Lengua. (2014). Valor [listado]. 23 a. ed. Recuperado de. http://dle.rae.es/?id=bJeLxWG

Diccionario etimológico. Consultado el 01/31/2019, en www. Etimologías.dechile.net/?axiologia. Disponible en: http://www. psicologia.unt.edu.ar/programas07/consideraciones.doc

Dolan, L. (10 de noviembre de 2017). *¿Cuál es la diferencia entre valores instrumentales y valores a fines?* [Archivo de video). Recuperado de https://www.youtube.com/watch?v=SrukY01Qjoo

Drew, P., y Sorjonen, M. (1997). Institutional dialogue. In T. van Dijk (Ed.), *Discourse studies: a multidisciplinary introduction. Volume 2, Discourse as social interaction* (pp. 92-118). London: Sage.

Durán, M. (2008). *La administración por valores: una metodología humanista de cambio cultural en la empresa*. Revista de Ciencias Económicas, 26(2).

Echeverría, J. (1995): *El pluralismo axiológico de la ciencia*. Isegoría, (12), 44-79. [Fecha de consulta 16 de mayo de 2018]. Recuperado de: http://isegoria.revistas.csic.es/index.php/isegoria/article/view/240/240

Elexpuru, I., y Medrano, C. (2001). *Desarrollo de los valores en las instituciones educativas*. Bilbao. España. Ministerio De Educación, Cultura y Deporte, ICE de la Universidad de Deusto y Ediciones Mensajero, S.A.U.

Escámez, J. (1991). *Actitudes en educación. En Altarejos, J., Bouché, J., Escámez, O., Fullat, P., Hermoso, E., Gervilla, R., Gil, J., A. Ibáñez-Martín, R., Marín, P., Pérez, M., y Sacristán, D. (1991).* Filosofía de la educación hoy, conceptos. Autores. Temas (pp. 525-539). Madrid, España: Dykinson.

Escámez, J. (1988). *El marco teórico de las actitudes, I. El modelo de Fishbein y Ajzen. En Escámez, J. y Ortega, P. (1989).* La enseñanza de actitudes y valores. (pp 29-50). Valencia; Nau Llibres.

Fabelo, J. (2004). *Los valores y sus desafíos actuales*. (1a ed.). La Habana. Cuba. Editorial Libros EnRed

Febres, N. (2013). *Valores en el docente universitario: Una exigencia en la actualidad. Revista Educación en Valores. Universidad de Carabobo.* Enero-Junio 2013. Vol.1, Nº 19. Consultado el 25 de septiembre de

2018, en http://ru.ffyl.unam.mx/bistream/handle/10391/775/02_
ABEI_13-25_11.pdf?sequence=1&isAllowed=y

Fernández, J. y Hortal, A. (1994). *Ética de las profesiones,* Madrid, Universidad Pontificia de Comillas, Madrid.

Fierro, C., Fortoul, B., y Rosas, L. (2000). *Transformando la práctica docente, una propuesta basada en la investigación acción.* Maestros y Enseñanza. México, D.F.: Paidós.

Flórez, R. (1994). *Hacia una pedagogía del conocimiento.* Santa Fé de Bogotá, Colombia. Mc Graw Hill.

Fouliqué, P. (1961). *Cors de Philosophe. La Cannaissance.* Paris: Editions de I`Cole

Frondizi, R. (2001). *¿Qué son los valores? Introducción a la axiología. Decimoséptima reimpresión.* México: Fondo De Cultura Económica.

Fullat I. (1982). *La finalidad de la educación en tiempo de crisis.* Madrid, España.

García, J. (2006). Educando con valores. Lima ediciones Mirbet.

García, C. (2006). *Ética de las profesiones.* Revista de la Educación Superior; XXXV (1) (137). [Fecha de Consulta 23 de mayo de 2018]. ISSN: 0185-2760. Recuperado de: https://www.redañyc.org/articulo.oa? id=604/60413710

Gracia, J. (2018). *El desafío ético de la educación.* (1ª ed., págs. 263). Madrid. España. Editorial Dykinson

García, J. (2000) *Los valores del... ¿" pospretérito"?.* Nueva Revista de Filología Hispánica, T48, 1, pp. 25-49. Recuperado de: http://aleph.academica.mx/jspui/bitstream/56789/27304/1/48-001-2000-0025.pdf

García, C., Carreón, J. y Hernández, J. (2014). *La formación profesional de capital humano en la civilización del cambio climático. Revista Internacional de Investigación en Ciencias Sociales, 10(1), 107-125.* [Fecha de Consulta el 23 de enero de 2019]. Disponible en http://scielo.iics.una.py/scielo.php?script=sci_arttext&pid=S2226-40002014000100009&lng=en&tlng=es

García, M. (2006). *Las competencias de los alumnos universitarios. Revista Universitaria de Formación del profesorado, 20(3).* [Fecha

de consulta 25 de enero de 2019]. Disponible en https://www.
redalyc.org/articulo.oa?id=274/27411311013

García, S., Dolan, S., Durán, P., y Soler, C. (1997). *La dirección por valores (DpV)*. Revista Alta Dirección, (191).

Geruld, M. (1990). *Valores y juicio moral. Centro de Investigaciones Psicológicas*. Caracas. U.C.A.B.

Gervilla, E. (2000). *Valores del cuerpo educando. Antropología del cuerpo y educación*. Revista Interuniversitaria de Formación del Profesorado, 38, 183-189. Recuperado de: http://ww.aufop.com/aufop/uploaded_files/revistas/12234935301.pdf

Gil, F., y Jover, G. (2007). *Memoria y prospectiva de la teoría de la educación Memoria y prospectiva de la teoría de la educación. Teoría de la educación: contribuciones ibéricas*. Coimbra. Portugal. Prensa de la Universidad de Coimbra. http://dx.doi.org/10.14195/978-989-26-0486-2_8

Gobierno de las Islas Canarias (2015) Disponible en: www3.gobiernodecanarias.org/medusa/ecoblog/mbargara/files/2015/03/valores.pdf

Godoy, S. (2018). *Valores humanos, definición, clasificación, características y listado*. Consultado en https.//www.recursosdeautoayuda.com/valores-humanos-lista/, el 04/07/2018

González, A. (2000). *Ética y Moral. Origen de una diferencia conceptual y su trascendencia en el debate ético contemporáneo. Anuario Filosófico 2000 (33)*, 797-823. Deposito Académico Digital universidad de Navarra. Disponible en http://hdl.handle.net/10171/462

González, D. (2002). *La escuela y la formación de valores*. La Habana: Ministerio de Educación.

González, J. (1997). *Reflexiones sobre la ética profesional. La ética profesional del psicólogo/Coloquio*. Facultad de Psicología, UNAM, México.

González, L. (1992). *Educación en valores y diseño curricular*. Madrid. España. Editorial Alambra Longman.

González, M., y González, V. (2007). *Diagnóstico de necesidades y estrategias de formación docente en las universidades*. Revista

Iberoamericana de Educación, 43 (6), 1-14. Recuperado de http://rieoei.org/deloslectores/Maura.pdf

González, P., Arriaga, M., y Baca, P. (2011). *Valores esenciales que deben impulsarse en la UAT. La opinión de profesores de posgrado. Educación y Ciencia, Cuarta Época.* Vol. 1, núm. 3 (38), 2010. Disponible en https://pdfs.semanticscholar.org/4a15/7ea80dd828829747e069e59baecb5195d2b2.pdf?_ga=2.163887165.323561228.1571020179-1927761122.1569906633

González. R., y Valdés C. (1994). *Actualidad y desarrollo en psicología humanista.* La Habana: Ciencias Sociales.

González, V., y González Tirados, R. (2008). *Competencias genéricas y formación profesional: un análisis desde la docencia universitaria.* Revista Iberoamericana De Educación, 47, 185-209. Disponible en: https://doi.org/https://doi.org/10.35362/rie470710

González T, y González, V. (2007). *Diagnóstico de necesidades y estrategias de formación docente en las universidades.* Revista Iberoamericana De Educación, 43(6), 1-14. Disponible en: https://doi.org/https://doi.org/10.35362/rie4362365

Gouveia, V., Santos, S., Milfont, L., Fischer R., Clemente, M., y Espinosa, P. (2010). *Teoría funcionalista de los valores humanos en España. Comprobación de las Hipótesis de Contenido y Estructura. Interamerican Journal of Psychology, 44(2).* [Fecha de consulta 10 de noviembre de 2018]. Disponible en https://www.redalyc.org/articulo.oa?id=284/28420641002

Guisán S. (2008). *Razón y pasión en ética. Los dilemas de la ética contemporánea. (2ª Edición, 364 págs.)* Barcelona, España. Editorial Anthropos.

Gutiérrez, R. (2006). *Introducción a la ética. (6ª ed.)* México. Editorial Esfinge.

Habermas, J., y Mardomingo, J. (2018). *Aclaraciones a la ética del discurso.* (1a. Edición, Madrid, España. Editorial Trotta.

Hall, B. (1979). *Developing Leadership by Stages.* The Indian City: Alfred de Souza (ed.)-Manohar.

Hargreaves, A. (1995). *La modificación de las culturas de trabajo de la enseñanza.* Kikirikí Cooperación Educativa,

35, 49-61. Disponible en:http://www.quadernsdigitals.net/index.php?accionMenu=hemeroteca.VisualizaArticuloIU.visualiza&articulo_id=1089

Hernández, R., Fernández, C., y Baptista, P. (2014). *Metodología de la investigación*: Roberto Hernández Sampieri, Carlos Fernández Collado y Pilar Baptista Lucio (6a. ed.). México D.F.: McGraw-Hill.

Herrera, C. (2017). *Elementos para la construcción de un marco conceptual de la educación en valores. Revista Internacional de Ciencias Sociales y Humanidades*. SOCIOTAM, XXVII (2), [Fecha de Consulta 17 de Julio de 2018]. ISSN: 1405-3543. Disponible en https://www.redalyc.org/articulo.oa?id=654/65456039009

Hidalgo, A. (1994). *¿Qué es esa cosa llamada ética? (1ª Edición, 224 págs.)*. Madrid, España. Editorial Liga Española de la Educación y la Cultura.

Hirsch, A. y López, R. (Coords.) (2014). *Ética profesional en Educación Superior. Finalidades, estrategias y desafíos de la formación. (1ª. Edición, 316 págs.)*. México: Ediciones del Lirio-Universidad, Autónoma de Sinaloa.

Hirsch, Ana. (2012). *Conductas no éticas en el ámbito universitario. Perfiles educativos, 34(spe), 142-152.* [Fecha de Consulta 26 de enero 2018]. Disponible en http://www.scielo.org.mx/scielo.php?script=sci_arttext&pid=S0185-26982012000500013&lng=es&tlng=es.

Hirsch, A. (2003). *Elementos significativos de la ética profesional. Reencuentro. Análisis de Problemas Universitarios, (38).* [Fecha de Consulta 7 de abril de 2018]. ISSN: 0188-168X. Disponible en: https://www.redalyc.org/articulo.oa?id=340/34003802

Hirsch, A. (2003). *Ética profesional y profesores universitarios: una perspectiva comparativa.* Reencuentro. Análisis de Problemas Universitarios, (57). [Fecha de Consulta 24 de enero 2019]. ISSN: 0188-168X. Disponible en: https://www.redalyc.org/articulo.oa?id=340/34012514005

Hitlin, S. y Piliavin, J. (2004). *Values. Reviving a Dormant Concept. Annual Review of Sociology.* (Vol. 30:359-393). Disponible en: https://doi.org/10.1146/annurev.soc.30.012703.110640

Hoebel E. (1973). *Antropología: el estudio del hombre. (2a. Edición. 579 págs.).* Barcelona, España: Ediciones Omega.

Hortal, A. (2002). *Ética general de las Profesiones.* Desclée, Bilbao, España. Ibarra Rosales, G. (2007).

Hortal, A. (1994). *La ética profesional en el contexto universitario. Lección inaugural del curso académico 1994-1995 de la Universidad Pontificia Comillas de Madrid.* Madrid: Publicaciones de la Universidad Pontificia Comillas de Madrid

Hutchinson, J. y King, C. (2014). *Maslow's Theory of Motivation. Human Motivation (6240-1).* Walden University.

Ibarra, G. (2007). *Ética y valores profesionales. Reencuentro. Análisis de problemas Universitarios, (49).* [Fecha de Consulta 14 de septiembre de 2018]. Disponible en https://www.redalyc.org.org/articulo.oa?id=340/34004907

Jaeger, W. (2001). *Paideia: Los ideales de la cultura griega. (25a reimpresión, 473 págs.).* México, D. F. Fondo De Cultura Económica.

Jericó, P. (2008). *La Nueva Gestión del Talento: Enfoque Conceptual y Empírico.* Boletín de Estudios Económicos. (Tomo 56, No 174, págs. 423-441]. Bilbao, España. Disponible en http://www.lacomercial.deusto.es/servlet/Satellite/Page/1220355572195/_cast/%231134736881780%231220355572195/UniversidadDeusto/Page/PaginaCollTemplate

Juvonen, J., y Wentzel, K. (2001). *Motivación y adaptación escolar: factores sociales que intervienen en el éxito escolar.* México. Oxford Press.

Kepowicz, B. (2007). *Valores profesionales: valores de los docentes y valor de la docencia.* Reencuentro. Análisis de problemas Universitarios, (48), [Fecha de Consulta 2 de noviembre de 2018]. ISSN: 0188-168X. Disponible en: https//www.redalyc.org/articulo.oa?id=340/34004908

Kerlinger, F. (1984) *Investigación del Comportamiento. Técnicas y Metodología.* Editorial Interamericana. S.A. México.

Khon, M. (1977). *Class and Conformity.* (2ª Edición, 376 págs.) University of Chicago Press.

Kieniewicz, J. (2005). *El sistema de los valores y el encuentro de las civilizaciones.* Pensamiento y Cultura, 8(1).

Kieniewicz J. (2005). *Borderlands as Spaces for the Encounter of Worlds / Terra Marique. The Culth Intercourse between the European Center and Periphery in Modern Time / J. Kieniewicz (Ed.). - Warsaw: OBTA, 2001. -pp. 146-158* Disponible en: https://cyberleninka.ru/article/n/pogranichnye-territorii-i-vstrecha-tsivilizatsiy

Kluckhoh, C. (1951). *Values and Value-Orientations In The Theory Of Action: An Exploration In Definition and Classification. Toward a General Theory of Action (pp. 388-433).* Book DOI: https://doi.org/10.4159/harvard.9780674863507.

Konstantinov, F., y Rosental, M. (1977). *Fundamentos de filosofía marxista leninista, México, Ediciones de Cultura Popular. En Herrera, C. (2017). Elementos para construcción de un marco conceptual de la educación en valores.* Revista Internacional de Ciencias Sociales y Humanidades SOCIOTAM. Vol. XXVII, N. (2017) pp. 191-212

Kroskrity, P. (1993). *Language, history and Identity: Ethnolinguistic Studies of the Arizona. (1a Ed. 289 pages.).* Editor: University of Arizona Press.

Kuhn, T. (2013). *La estructura de las revoluciones científicas. (4ª Ed. 404 págs.).* México: Fondo de Cultura Económica

Lahoz, J. (2009). *Cómo enseñar a nuestros hijos a apreciar los valores.* Sinalefa. [Fecha de Consulta 6 de febrero de 2019]. Disponible en http:// es. Catholic.net/po/artículos/4327/cat/31/como-ensenar-a-los-alumnos-a-apreciar-los-valores.html#modal

Lewis-Shaw, C. (1997, July). *The Hall-Tonna framework for values analysis: Aligning individual and organizational values. In Workshop conducted by for the Vocational Education and Training Research Conference.* Melbourne (pp. 8-11).

López, J., Royo, I., Armenta, C., Barradas, G., Guajardo, N., y Huesca, E. (2009). *Competencias y rasgos de la ética profesional en los posgrados de la Universidad Iberoamericana-Puebla.* Revista electrónica de Sinéctica, (32), 14-17.

López, R. (2013). *Historia de la Escuela y Cultura Escolar: dos décadas de fructíferas relaciones. La emergente importancia del estudio sobre el patrimonio escolar.* Cuestiones Pedagógicas, (22), 17-42. Recuperado de https://revistascientificas.us.es/index.php/Cuestiones-Pedagogicas/article/view/9820/8592

López, E., y García, D. (1994). *Aproximación al tema de los valores en la LOGSE.* Revista complutense de Educación (Vol. 5).

López, J. y García, J. (2007). *Valores, actitudes y comportamiento ecológico modelados con una red bayesiana.* Medio Ambiente y Comportamiento Humano, 8 (1-2), 159-175. Editorial Resma.

López-Roldán, P. y Fachelli, S. (2015). *Metodología de la investigación social cuantitativa.* (1ª Edición) Barcelona, España: Bellaterra: Universitat Autònoma de Barcelona. Consulta el 8 de julio de 2019 en: https://ddd.uab.cat/record129382

Lucini, F. (1992): *Educación en valores y diseño curricular. Madrid. Documentos para la reforma.* Alhambra Longman.

Lüdecke-Plümer, S. (2007). *La enseñanza de valores y principios morales en los centros de formación profesional.* Revista Europea de Formación Profesional, (Vol. 41, pags.115-128).

Maliandi, R. (2002). *Ética discursiva y ética aplicada. Reflexiones sobre la formación de profesionales.* Revista Iberoamericana De Educación, 29, 105-128. https://doi.org/https://doi.org/10.35362/rie290953

McNay I. (2007). *Valeurs, príncipes et intégrité: normes universitaires et professionnelles dans l'enseignement supérieur au Royaume-Uni. En Dans Politiques et Gestion de L'enseignement supérieur.* (N° 19/3), p 45-71. https://www.cairn.info/revue-politiques-et-gestion-de-l-enseignement-superieur-2007-3-page-45.htm-

Mahony, P. (2009). *Should "ought" be taught? Teaching and Teacher Education.* 25(7), 983,989. Disponible en https://doi.org/10.1016/j.tate.2009.04.006

Marín, R. (1976). *Valores, objetivos y actitudes en educación*. Valladolid, España: Editorial Miñón.

Martinez, M., Buxarrais, M. y Esteban, F. (2002). *La universidad como espacio de aprendizaje ético*. En revista Iberoamericana de educación. No 29, 2002, pp17-24.

Maturana, H. y Tironi B. E. (2001). *Emociones y Lenguaje en Educación y Política*. (Ed. 2018, págs.117). Editorial Dolmen.

Maslow, A. (1943). A theory of human motivation. Psychological Review 504(4), 370-396. Disponible en https//www.doi:10.1037/h0054346

Mazuela, T. (2002). *El éxito y el fracaso académico. Editorial Digital*. Libro Red. 14 va. Edición, Año II. España

McLaurin, R. (1977). *Valores y Sistema de valores. Citado por Sills*, D. L. en Enciclopedia Internacional de las Ciencias Sociales, Vol. 10, p 607 614.

McLeod, S. (2017). *Maslow's hierarchy of needs*. Retrieved from www.simplypsychology.org/maslow.html

Meinong, A. (1923). *Zur Grundlegung der allgemeinen Werttheorie*. Leipzig, J.A.Barth

Méndez, J. (2001). *¿Cómo educar en valores?*. Madrid, España: Editorial Síntesis.

Merton, K. (1968). *Social theory and social structure*. New York: Free Press. Columbia University, New York, NY.

Miralles, A. (2018). *Deontología profesional del abogado* (2ª ed. / 340 págs.). Valencia. España: Tirant lo Blanch.

Molina, L., Pérez, S., Suárez, A. y Rodríguez, A. (2008). *La importancia de formar en valores en la educación superior*. Acta Odontológica Venezolana, 46(1), 41-51. Recuperado el 22 de noviembre de 2018, en: https://www.actaodontologica.com/ediciones/2008/1/importancia_formar_valores_educacion_superior.asp#top

Moliner, M. (2008). *Diccionario del uso español*. Madrid: Gredos.

Moriano, A., Trejo, E., y Palací, J. (2001). *The psycho-social profile of the entrepreneur: A study from the point of view of values*. Revista de Psicología Social, 16:2, 229-242, DOI: 10.1174/021347401317351152

Morin, E. (2005). *Introdução ao pensamento complexo.* (1ª reimpresión. 120 págs.). Porto Alegre, Brazil.

Mueller, D., y Wornhoff, A. (1990). *Distinguishing Personal and Social Values.* Educational and Psychological Measurement, 50(3), 691–699. Disponible en https://doi.org/10.1177/0013164490503027

Muñoz, J. (1998). *La bolsa de los valores. Materiales para una ética ciudadana.* (1ª Edición, 316 págs.). Editorial Ariel.

Narski, S. (1985). *La filosofía de Europa Occidental en el Siglo XVIII.* La Habana, Cuba: Pueblo y Educación, 187.

National Council on Teacher Quality. (2004). *Increasing the Odds: How Good Policies Can Yield Better Teachers*

Navarro, E., Alcántara, M., y Martinez, J. (2007). *Ética y Perfil Profesional.* Lima-Perú. Editorial Fénix.

Negrete, L. (2014). *Valores Universales.* Recuperado en web: www. uv. mx/psicolog ia/files/2014/11/VALORES-UNIVERSALES. pdf.

Nicholls, J. G. (1989). *The competitive ethos and democratic education.* Cambridge, MA, US: Harvard University Press.

Ortega, P., y Mínguez, R. (2001). *Los valores en la educación.* (1ª Edición). Barcelona, España: Editorial Ariel.

Ortiz, E. (2018). *Los valores.* Consultado el 18 de abril de 2018http://www uv.com/resources/LOS%VALORES. pdf

Osatinsky, I. (2006). *Consideraciones teóricas acerca de la noción y concepto de personalidad.* Facultad de Psicología. Universidad Nacional de Tucumán. Argentina

Palacios, C. (2009). *"La Moral: Un Concepto, Muchas Interpretaciones," Contribuciones a las Ciencias Sociales,* Grupo Eumed.net (Universidad de Málaga).

Ortiz, R. (2018). *Los valores.* Consultado el 24 de 10/2018. en httpa://www.anuv.com/resources/LOS%20VALORES.pdf.

Palomer, L., y López, R. (2016). *Medición de los valores éticos y morales enseñados en la carrera de Odontología de la Pontificia Universidad Católica de Chile, desde la perspectiva docente.* FEM: Revista de la Fundación Educación Médica, 19 (2), 77-84. Recuperado en 15 de octubre de 2018, de http://scielo.iscili.es.php?script=sci_arttext&pid=S2014-98322016000200005&ing=es&ting=es.

Parsons, T., Blanco, J., y Pérez, J. (1966). *El sistema social* (No. HN28 P3). Madrid: Revista de Occidente.

Parsons, T. (1974). *El sistema de las sociedades modernas.* (pp. 13-41) México, Editorial Trillas

Pascual, A. (2010). *Clasificación de valores y desarrollo humano: estrategias para la escuela.* Madrid, España: Editorial. Narcea SA.

Pejović, A. (2013). *La expresión fraseológica de los valores éticos y estéticos.* Colindancias: Revista de la Red Regional de Hispanistas de Hungría, Rumanía y Serbia 4: 265-273. Recuperado de: https://colindancias.uvt.ro/index.php/colindancias/article/view/24/21

Platón. (1977). *La República. Centro de Estudios Políticos y Constitucionales.* (Edición bilingüe, traducción, notas y estudio preliminar por José Manuel Pabón y Manuel Fernández-Galiano). Madrid, España.

Poletti, R. (1983) *"De la nécessité de reparler des valeurs professionnelles" pp.76- 97. Journées de Perfectionnement: Valeurs, identité et practiques infirmières.* Paris, Francia: Centre Chrétien des professions de Santé.

Polo, L. (1991). *Quien es el hombre.* Madrid. Ediciones. Rialp. S.A.

Prieto, D. (2002). *La globalización; efectos en el cambio del patrón valorativo de la sociedad y la medicina.* Humanidades Medicas (v.2 n.2), pp1-10

Rawls, J. (2012). *Teoría de la justicia.* México (6ª Reimpresión 2006). Cambridge, Mass. Publicado por The Belknap Press of Harvard University Press.

Read. H. (1982). *Educación por el arte.* Barcelona. Ed. Paidós

Reboul, C. (1992). *Les valeurs de l´ éducation.* Paris, Francia. Presses universitares de France.

Rickert, H. (1965). *Ciencia cultural y ciencia natural.* (4ª Edición, 211 págs., traducción de Manuel Gracia Morente). Madrid, España. ESPASA-CALPE, S.A.

Rivas, M. (2015). *La formación en valores en la educación superior a distancia: el caso de la Universidad Técnica Particular de Loja.* (Tesis Doctoral, Universidad Nacional de Educación a Distancia, España). Recuperada de http://e-spacio.uned.es/fez/eserv/

tesisuned:Educacion-Mrrivas/RIVAS_MANZANO_Rosario_
Tesis.pdf

Robbins, S., y Judge, T. (2009). *Comportamiento organizacional.* (13 a, Edición. 752 págs.). Mexico. PEARSON EDUCACIÓN.

Rockeach, M. (1979). *Understanding human values. Individual and Societal.* Nueva York. Free Press.

Rokeach, M. (1973). The nature of human values. Josey-Bass, San Francisco.1973.

Rodríguez, E. (2000). *El sentido del sufrimiento. Experiencia de los enfermos de cáncer.* ARSMEDICA. Revista de Ciencias Médicas. Vol. 29, Núm. 2. Disponible en DOI: http://dx.doi.org/10.11565/arsmed.v29i2.336

Rogers, C., y Maslow, A. (2009). *La psicología humanista.* Madrid: UNED.

Rudestam, K., y Newton, R. (2015). *Surviving your dissertation. A Comprehensive Guide to Content and Process.* (4a edition, 376 pages). Thousand Oaks, California: SAGE.

Ruiz, J. (2009). *La axiología y su relación con la educación. Cuestiones Pedagógicas.* Revista de Ciencias de la Educación, (12).

Ruiz, R. (2006). *Las competencias de los alumnos universitarios.* Revista interuniversitaria de formación del profesorado, 20(3), 253-269.

Sáenz, D., y Malpica, S. (2017). *Competencia Ética y Valores Profesionales en los Posgrados de La Universidad Veracruzana. Aportes y desafíos de la Investigación educativa para la transformación y la justicia social.* Memoria electrónica del congreso Nacional de Investigación Educativa, No3, 1-13. Consultada el 23 de mayo de 2018 en: http://www.comie.org.mx/congreso/memoriaelectronica/v14/doc/2898.pdf

Sagols, L., Linares, J., y De la Garza, M. (2013). *Ética y valores 2: Enfoque por competencias.* México, D.F: McGraw-Hill Interamericana.

Salabarría, M. (2015*). La Cultura Política, una Aproximación desde sus Componentes. Contextualizaciones Latinoamericanas, 0*(3). Recuperado de: http://www.revistascientificas.udg.mx/index.php/CL/article/view/2891

Salazar, L., y Woldenberg, J. (2016). *Principios y Valores de la Democracia.* (1ª Edición, 66 págs.). México, Distrito Federal. Instituto Nacional Electoral.

Salgado, L. (2007). *Quality investigation: designs, evaluation of the methodological strictness and challenges.* Liberabit, 13(13), 71-78. Recuperado en 07 de agosto de 2019, de: http://www.scielo.org.pe/scielo. php?script=sci_arttext&pid=S1729-48272007000100009&lng=es &tlng=en.

Salmerón, P. (2004). *La transmisión de valores a través de los cuentos infantiles. (Tesis Doctoral).* Universidad de Granada. Granada España. Recuperada de: https://hera.ugr.es/tesisugr/15487441.pdf

Sánchez, A. (2005). *Análisis filosófico del concepto valor.* Humanidades Medicas, 5 (2). Recuperado en 29 de septiembre de 2018 de http://scielo.sid.cu/scielo.php?script=sci_arttext&pid= S1727-81202005000200009&Ing=g=esting=es

Sánchez, S. (1997). *Transversalidad y educación en valores. Tribuna libre Boletín Oficial del Ministerio de educación y Cultura.* Año XXVIII, Nro. 1. enero 1997. Madrid España. M.E.C. Centro de Publicaciones.

Sanger, M., & Osguthorpe, R. (2005). *Making sense of approaches to moral education. Journal of Moral Education.* 34(1). 57-71. Disponible en https://doi.org/10.1080/03057240500049323

Sanger, M., & Osguthorpe, R. D. (2011). *Teacher education, preservice teacher beliefes, and the moralwork of teaching.* Teaching and Teacher Education. 27(3), 569-578. Disponible en https://doi. org/10.1016/j.tate 2010.10.011

Sanmartín, R. (2009). *Etnografía de los valores.* Teoría De La Educación. Revista Interuniversitaria, *12.* doi:10.14201/ted.2892

Sarabia, F., y De Juan-Vigaray, M. (2009). *Los valores de los consumidores y las preferencias en el comportamiento de ir de compra.* Revista Española de Investigación de Marketing ESIC, marzo 2009, Vol. 13, nº 1 (7-34). Disponible en: https://www.esic. edu/documentos/revistas/esicmk/100917_103328_E.pdf

Scheler, M. (2001). *Ética: nuevo ensayo de fundamentación de un personalismo ético.* [No. 45]. (2ª Edición, 758 págs.). Caparrós editores.

Schwartz, S. (2006). *Les valeurs de base de la personne: théorie, mesure et applications.* Revue française de sociologie, n 47, p.929-968. Disponible en DOI. 10.3917/rfs.474.0929

Schwartz, S. (2001). ¿Existen aspectos universales en la estructura y contenidos de los valores? Madrid. España. Bibliotheca Nueva.

Schwartz, S., & Sagie, G. (2000). Value consensus and importance: Across national study. Journal of Cross-cultural Psychology, 31 (4), 465-497.

Schwartz, S. (1992). Universals in the content and structure of values: Theoretical advances and empirical tests in 20 countries. In M. P. Zanna (Ed.), *Advances in experimental social psychology,* Vol. 25, pp. 1-65). San Diego, CA, US: Academic Press. Recuperado de http://dx.doi.org/10.1016/S0065-2601(08)60281-6

Schwartz, S., & Bilsky, W. (1987). *Toward a universal psychological structure of human values.* Journal of Personality and Social Psychology, *53*(3), 550-562. Recuperado de: http://dx.doi.org/10.1037/0022-3514.53.3.550

Seijo, C. (2009). *Los valores desde las principales teorías axiológicas. Cualidades apriorísticas e independientes de las cosas y los actos humanos.* Economía, (28). [Fecha de consulta 27 de diciembre de 2018]. Disponible en: https://www.redalyc.org/articulo.oa?id=1956/195617795007

Serna, A., y Luna, E. (2011). *Valores y Competencias para el ejercicio de la docencia de Posgrado.* Sinéctica, Revista Electrónica de educación, (37). [Fecha de Consulta 17 de enero de 2019]. ISSN: 1665-109X. Disponible en: https://www.redalyc.org/articulo.oa?id=998/99819143005

Spranger, E. (1972). Formas de vida. Madrid, España. Revista de Occidente. Madrid.

Taylor,C., Lillis, A., & LeMone, P. (1989). *Instructor's Manual for Fundamentals of Nursing: The Art and Science of Nursing Care.* JB Lippincott.

Thomas, W. I., Znaniecki, F., & Zaretsky, E. (1995). *The Polish Peasant in Europe and America.* University Of Illinois System.

Torres, A. (2014). *Los valores morales en la personalidad.* Revista Médica Electrónica, *31*(2), 181-187. Recuperado de: http://www. revmedicaelectronica.sld.cu/index.php/rme/article/view/604

Trevino, L. (1986). *Ethical Decision Making in Organizations: A Person-Situation Interactionist Model.* The Academy of Management Review, 11(3), 601-617. Recuperado de: http://www.jstor.org/ stable/258313

Trilla, J. (1995). *Educación y valores controvertidos. Elementos para un planteamiento normativo sobre la neutralidad en las instituciones educativas.* Revista Iberoamericana De Educación, 7, 93-120. Recuperado de: https://doi.org/https://doi.org/10.35362/rie701201

Universidad Autónoma de Tamaulipas. (2018). *Plan de Desarrollo Institucional UAT 2018-2021.* Disponible en: https://www.uat.edu. mx/TRANS/IVMetasobjetivos/Plan%20de%20Desarrollo%20 Institucional%20UAT2018-2021.pdf

Verneux, R. (1988). *Filosofía del Hombre.* Curso de Filosofía Tomista. (244 págs.). Madrid, España: Herder Editorial

Vidal, M. (2002). *Ética civil y sociedad democrática.* (1ª Edición, 1ª Reimp. 2002, 284 págs.).

Villa, G. y López, A. (2001). *El libro de los valores.* España. Editorial Planeta.

Villoro, L. (1977). *El poder y el valor. Fundamentos de una ética política.* (6ª Reimpresión 2012, 400 págs.). México. Fondo de Cultura Económica/El Colegio de México.

Viñao, A. (2004). *La pedagogía como ciencia, arte y Profesión en la España del siglo XX. En un Siglo de Pedagogía Científica en la Universidad Complutense de Madrid.* Exposición del Centenario de los Estudios de Pedagogía en España (55-62). Madrid. Universidad Complutense.

Walsh, K., & Tracy, C. (2004). *Increasing the Odds: How Good Policies Can Yield Better Teachers. National Council on Teacher Quality.* (152 págs.). España. Editorial Desclee De Brouwer

Warnick, B., y Silverman, S. (2011). *A framework for professional ethics courses in teacher education*. Journal of Teacher education. 62(3), 273-285

Windelband, W. (1994). *Preludios filosóficos (traducción del alemán al castellano por Wenceslao Roces, 495 págs.)*. Buenos Aires, Argentina: Editorial Santiago Rueda.

Windelband, W. (1950). *Lehrbuch der Geschichte der Philosophie (Libro de texto de la historia de la filosofía)*. (594 págs.). Tübingen. Ger. Ed. Mohr.

Zambrano, E., Rincón, Y., y Prieto Sánchez, A. (2014). *Principios éticos y valores en la formación del docente universitario*. REDHECS: Revista electrónica de Humanidades, Educación y Comunicación Social, 9(18), 251-272.

Zelada, J. (2018). *Los valores humanos, que el médico del siglo XXI debe conocer y practicar en su desempeño profesional*. Cuadernos Hospital de Clínicas, 59(2), 63-71. Recuperado el 16 de marzo de 2018, disponible en: http://www.scielo.org.bo/scielo.php?script=sci-arttext&pid=S1652-67762018000200010&Ing=es&tlng=es

Zimmerman, H. (2001). *La imagen del ser humano en la ciencia espiritual antroposófica*. Waldolf Pädagogik weltweit. Disponible en: https//www.waldorf-resouce.org/es/art/anzeige-spanisch/archive/2001/01/01/article/the-human-being-as-seen-by-the-spiritual-science-of-anthroposophy/e6ce03690f0653cf59d6896bafbc174/

INFORMACIÓN DE AUTORES

Juan Enrique Martínez Cantú

Doctor en Educación, Maestro en Docencia y Licenciado en Ciencias de la Educación con Especialidad en Ciencias Sociales, por la Universidad Autónoma de Tamaulipas. Miembro del Grupo de Tecnologías de la Información y la Comunicación, Innovación Educativa y Psicopedagogía. (TICIEP) en México. Profesor de Tiempo Completo de la Universidad Autónoma de Tamaulipas. Sus líneas de Investigación son: Interculturalidad, Valores, Docencia y Neurociencia para el aprendizaje.

Correo electrónico: jemartine@docentes.uat.edu.mx

Daniel Desiderio Borrego Gómez

Doctor en Educación Internacional con especialidad en Tecnología Educativa, Maestro en Comunicación Académica e Ingeniero en Telemática por la Universidad Autónoma de Tamaulipas, Miembro del Grupo de Tecnologías de la Información y la Comunicación, Innovación Educativa y Psicopedagogía. (TICIEP) en México. Profesor de la Universidad Autónoma de Tamaulipas. Sus líneas de Investigación son: Educación, Tecnología Educativa, Educación a Distancia, Tecnologías de la Información y Comunicaciones.

Correos electrónicos: ddborrego@docentes.uat.edu.mx, linuxppp@hotmail.com

Daniel Cantú Cervantes

Doctor en Educación Ph. D por la Universidad de Baja California, Maestro en Comunicación Académica, por el Centro de Excelencia de la Universidad Autónoma de Tamaulipas, Licenciado en Ciencias de la Educación por la Unidad Académica Multidisciplinaria de Ciencias, Educación y Humanidades. Profesor de Tiempo Completo de la Universidad Autónoma de Tamaulipas. Miembro del Sistema Nacional de Investigadores y Miembro del Grupo de Tecnologías de la Información y la Comunicación, Innovación Educativa y Psicopedagogía. (TICIEP) en México. Su línea de investigación es: Tecnologías, Neurociencia y Comportamiento en el Aprendizaje.

Correo electrónico: dcantu@docentes.uat.edu.mx

Printed in the United States
by Baker & Taylor Publisher Services.

Printed in the United States
by Baker & Taylor Publisher Services